EL DINAMISMO
DE LA COMUNION ECLESIAL

MUNDO Y DIOS
30

Publicada por el Secretariado Trinitario, del mismo autor:
COMPARTIR LA ALEGRIA DE LA FE
Sugerencias para una teología pastoral
Salamanca 1988

RAMÓN PRAT I PONS

EL DINAMISMO DE LA COMUNIÓN ECLESIAL

SECRETARIADO TRINITARIO
SALAMANCA (España)

«Porque Él es nuestra paz: el que de los dos pueblos hizo uno, derribando el muro que los separaba, la enemistad... para crear en sí mismo, de los dos un solo Hombre Nuevo... Así, pues, ya no sois extraños ni forasteros, sino conciudadanos de los sentimientos y familiares de Dios».

(Ef 2, 14.15.19)

Portada: FRANCISCO GARCIA

F. Villalobos, 82 - Teléf. (923) 23 56 02
37007 - SALAMANCA (España)

ISBN: 84-85376-76-5
Depósito Legal: S. 469 - 1989

HERGAR Fotocomposición láser, s.l.
Ronda del Corpus, 38. Teléf. 21 15 43. Salamanca.

Imprime: GRÁFICAS CERVANTES, S. A.
Ronda de Sancti-Spíritus, 1. Salamanca

INTRODUCCIÓN

El objetivo de esta reflexión es plantear con realismo una de las cuesiones que afectan de una manera acuciante a la vida cotidiana de la Iglesia en nuestros tiempos: la llamada evangélica a la comunión por una parte y la confictividad que acompaña los hechos tanto a nivel personal como a nivel colectivo por otra parte.

Evidentemente es una problemática no exclusiva de la vida de la comunidad eclesial, como lo demuestra la conflictividad social, política, económica, generacional, cultural, psicológica...etc. Sin embargo en tal caso de la comunidad eclesial presenta unos matices que afectan a las raíces de la fe y la misma razón de ser de la Iglesia en el mundo, es decir, ser signo de la unión de las gentes entre sí y de toda la humanidad con Dios.

Esta llamada del evangelio a construir la unidad, la salvación y esperar el Reinado de Dios (L.G.1,1) corre el peligro de conducir a una esquizofrenia espiritual si no es vivida en el contexto de convivencia real, relación afectiva, correcta y adulta, un estilo de vida que avanza realmente hacia la comunión, y una espectativa realista de fe y amor.

Frente a esta tensión comunión-conflicto hay una primera manera de situarse: actuar como si no pasara nada. Es la postura de *mirar hacia el otro lado*. Tenemos tantas ocupaciones actualmente que es fácil distraerse de esta problemática. Por un lado, en esta postura emerge una autodefensa frente a lo desagradable, y por otro lado, está la impresión generalizada de que hay poco que hacer de cara a la superación de una cuestión tan espinosa. Creo que esta postura es acompañada de una nostalgia y una desazón.

Otra postura consiste en endurecer las posiciones, haciendo en la práctica inviable todo tipo de diálogo, puesto que en vez de acercar las posiciones lo que hace realmente es distanciarlas cada vez más. Esta postura va acompañada generalmente de una actitud fixista que no sabe distinguir entre los objetivos y los horizontes, los caminos y procesos que conducen a los mismos.

Confieso que me ha costado aceptar personalmente iniciar esta reflexión teológica. Un primer motivo es la complejidad de una reflexión que, siendo realista, ayude a avanzar a la comunidad. Un segundo motivo es la dificultad de realizar este esfuerzo desde una limpieza interior que procure eludir en lo posible los prejuicios, y soy consciente de mi limitación en este sentido. Un tercer motivo es la sospecha de los compromisos que se pueden deducir de una reflexión teológica sobre esta temática.

A pesar de estas objeciones, acepto iniciar esta reflexión, pero como un inicio de proceso en la perspectiva de lo que llamamos actualmente una *obra abierta*, es decir, que desencadena una reflexión sin la pretensión de atar todos los cabos. Otros harán su contribución; y la solución, si es que la hay, vendrá como resultado de un compromiso comunitario que culmina un proceso colectivo.

Hay varias claves para enfocar la cuestión. Describiremos las más importantes y haremos nuestra opción. Una primera clave de análisis es ***sociología y cultura***. En esta perspectiva se trataría de observar los condicionantes ambientales y estructurales de las interrelaciones humanas y la escala de valores culturales que manifiestan. La Iglesia forma parte del contexto socio-cultural histórico.

Una seguna clave es la ***ideología-política***. Este elemento de análisis puede estimular el realismo, puesto que detrás de muchas de nuestras afirmaciones hay intereses creados y lucha de poder. A veces lo reconocemos, pero con frecuencia sacralizamos nuestra postura cuando en realidad es una opción ideológica muy legítima pero siempre opcional y de ninguna manera imponible a los otros.

Una tercera clave de lectura es la ***psicológico-afectiva***. El diálogo de cara a la comunión o el conflicto de la incapacidad-fracaso de la comunicación siempre es el resultado de las interrelaciones personales. Estas relaciones personales están condicionadas por el grado de madurez de las personas. Un desarrollo intelectual no siempre corresponde a una madurez afectiva. Y, como nos comunicamos tal y como somos, con mucha frecuencia el diálogo para superar los conflictos y construir la comunión es un diálogo infantil, primario y de sordos.

Una cuarta clave es la ***teológica***. Esta clave intenta respetar el pluralismo de lo temporal y al mismo tiempo fundamentar la comunicación en los elementos evangélicos. Sin embargo las palabras están mediatizadas por las experiencias y los condicionamientos interiores. A partir de ahí lo que a primera vista parece fácil va adquiriendo unos grados de complejidad que complican la cuestión. Un segundo elemento viene a complicar todavía más la reflexión teológica, y son las agrupaciones ideológicas que con toda legitimidad se dan en cualquier colectivo humano y, por tanto también en el interior de la comunidad eclesial. Esta pluralidad condiciona también las experiencias personales y el uso de las palabras para explicar la fe. Dos colectivos pueden estar usando las mismas palabras, pero con significado diverso. En todo caso no podemos dudar de la buena fe en principio.

Una quinta clave es la ***estructural-organizativa***. Es el análisis de las estructuras de diálogo por las que pasan las relaciones personales y colectivas. Puede haber situaciones en las que no es posible un foro de diálogo en la sinceridad y veracidad. A veces muchos problemas desaparecen cuando disponemos de estructuras de diálogo y de unos principios de convivencia afectivamente adultos.

Mi opción es contribuir a un debate teológico-pastoral, es decir, a partir de la realidad vivida, buscar criterios evangélicos que nos permitan hacer una lectura de fe de la situación, y ensayar unos caminos operativos que nos permitan caminar hacia el objetivo teológico del evangelio.

En un primer capítulo describiremos la realidad cotidiana vivida. En un segundo capítulo analizaremos las causas de esta situación descrita. Desde ahí, y en el capítulo siguiente, nos concentraremos en una contemplación de la propuesta del evangelio. Esta contemplación nos conducirá a observar las diversas reacciones antropológicas y espirituales frente al evangelio. En el capítulo siguiente sugeriremos algunos caminos antropológicos, teológico-pastorales y evangélicos. A continuación intentaremos concretar los caminos en mediaciones más concretas y en propuestas operativas. En un último capítulo sacaremos alguna conclusión general y dejaremos abierta la reflexión a una cooperación más amplia y comunitaria.

Todo ello intenta aportar un grano de arena al camino comunitario hacia la unidad para que la Iglesia aparezca como *un pueblo reunido en virtud de la unidad del Padre y del Hijo y del Espíritu Santo* (L.G. 4).

1

LA REALIDAD COTIDIANA VIVIDA

El mundo en que vivimos está pasando por un periodo de transición histórica. La persona humana cada vez más aparece como un objeto en las diversas dimensiones de su existencia. A nivel económico las situaciones personales no se tienen en cuenta para nada, tanto a nivel de centro como de la periferia (el tercer mundo). Hay pequeñas reacciones de solidaridad pero que quedan diluidas en el montante macroeconómico. A nivel social las diferencias se acentúan a partir de las diversas fuerzas que intervienen en los procesos colectivos. Por otra parte vivimos una situación cultural caracterizada en occidente por el individualismo, el inmediatismo y el consumo. Todo ello explica las tendencias políticas y un enfoque privatístico de la vida.

La Iglesia en su caminar histórico forma parte de todos estos procesos colectivos. En su interior se reflejan los condicionantes socio-culturales de su entorno. De ahí surgen conflictos en la vida cotidiana que, cuando se endurecen, crean un malestar y un deterioro del ambiente que vivimos.

Todos esperábamos en el post-concilio conocer una época de renovación en profundidad. Esta renovación pensábamos que afectaría a los horizontes teológicos y a los comportamientos prácticos de la comunidad. Sin embargo ha ido creciendo una actitud de indiferencia hacia los que piensan distinto, una manipulación de las posturas existenciales de los otros, un ir ocupando espacios eclesiales como "territorio propio", y una sensación, por parte de algunos, de que la renovación post-conciliar fue un sueño de verano.

Muchos cristianos, en medio de esta situación, necesitan comprender la unidad entre la fe en Jesús y la fe en la Iglesia, necesitan ver cómo se conjuga la comunión eclesial con la postura crítica y de discernimiento delante de los hechos concretos que niegan la comunión real y, sobre todo, piden pistas para ver cómo intervenir en la transformación evangélica de la vida eclesial sin abandonarse al fatalismo, indiferencia, individualismo, resentimiento o crispación.

Detrás de esta sensación hay varios contenciosos que nos pueden ayudar a comprender la realidad vivida en la cotidianidad. Es importante describir los hechos para interpretarlos a la luz de la fe y de la vida de la Iglesia.

En primer lugar el contencioso de la historia vivida en las últimas generaciones. La realidad actual puede haber evolucionado pero sigue pesando lo que aconteció y que, por falta de una terapia social realista y transparente, ha creado unos reflejos condicionados cuando nos referimos a la historia de la pastoral vivida. Este contencioso histórico tiene una incidencia especial, cuando nos referinos a las relaciones entre la Iglesia y el mundo obrero, puesto que viene ya del siglo pasado y, por tanto, pertenece al inconsciente colectivo desde varias generaciones. Este conflicto se ha agravado con la nueva situación de la juventud respecto de todas las instituciones y, consiguientemente, también la Iglesia, y la nueva conciencia colectiva de la mujer y su protagonismo en la realidad social. La mujer ha pasado de ser un factor humano de transmisión de la eclesialidad a una fuerza también disfuncional.

Otro contencioso no queda reflejado suficientemente en la práctica social eclesial. Es la sociedad de una clarificación del sentido de pertenencia a la Iglesia. Para algunos es equiparable a la pertenencia a otra asociación humana, es decir, no pertenece al objeto de la fe. Esto, de ser así, aunque parezca una cuestión ideológica, tiene unas repercusiones pastorales y espirituales notables. Otros reducen la pertenencia a una dimensión exclusivamente espiritual y ello les impide una visión realista de las actuaciones de los eclesiásticos, en este caso hay una incapacidad para realizar todo tipo de crítica. La clave del problema está en la capacidad de relacionar los hechos y las palabras eclesiales con la fe en Jesucristo.

El amor a la Iglesia, dirán otros, no está reñido con una capacidad crítica, fruto del amor y de la necesidad de una transformación evangélica de la misma. Esta reforma ha de ser vivida a todos los niveles, desde la jerarquía eclesial, pasando por los sacerdotes y religiosos, y todos los bautizados. Esta reforma no afecta solamente a las actitudes personales. Ha de plasmarse también en los comportamientos de las instituciones y de las estructuras.

Ahora bien, para avanzar hace falta reconocer los conflictos auténticos y distinguirlos de los falsos conflictos. Esto permite, cuando no perdemos de vista la comunión eclesial (sus fundamentos y medios para realizarla), avanzar en el desbloqueo de las situaciones y en la transformación evangélica de la Iglesia, de sus zonas más necesitadas de reforma, de las posibilidades y medios para crecer en la comunión y los canales de decisión para verificar el crecimiento.

Todo esto que hemos descrito de una manera global y sistemática, a veces adquiere en la vida cotidiana un malestar y un intenso dolor. Estas situaciones en la vida eclesial emergen como una fuente de problemas. En algunos casos incluso llegan a plantear la dificultad de la misma existencia eclesial para iniciar a la fe y al evangelio en determinados ambientes.

En la vida personal cada uno ha de vivir el propio proceso para integrar la experiencia vivida. La fe y el seguimiento de Jesucristo han de ser vividos en el interior de la solidaridad eclesial para llegar a una consistencia y solidez. No hay dos procesos iguales. Cada uno ha de seguir su propio camino en el desarrollo de la eclesialidad y la integración del conflicto en la comunión.

La vida de los pequeños grupos tiene manifestaciones diversas en los procesos de desarrollo eclesial. El grupo puede ser un factor de integración o desintegración. Lo cierto es que es un factor que interviene de una manera muy importante en la resolución de la cuestión. El clima que se genera en las interrelaciones grupales puede ser un factor determinante de cara al sectarismo o endurecimiento de las posturas, y también un factor muy positivo de cara a la flexibilidad y a las actitudes positivas.

Las organizaciones pueden actuar como factor estimulante de un esfuerzo de comunión o como condicionante de una abstracción idealista o bien de una polarización de objetivos. En este caso se dan los elementos para una cristalización en ghetto sectario. Las organizaciones tienen un peso específico definitivo de cara a una dramatización de la conflictividad. La fuerza centrípeta de toda organización tiende a justificar las propias posturas como "absolutos". Es en esta perspectiva dondo hay que ser lúcidos para distinguir los factores estrictamente evangélicos de los factores ideológicos, económicos, culturales y de poder. Si no se realiza correctamente esta distinción, los conflictos conducen a una gran confusión y a la imposibilidad de un diálogo real a la luz de la fe y la eclesialidad.

La situación personal y el grado de evolución hacia la madurez, el contexto grupal que acompaña cada situación personal, y las organizaciones o instituciones que enmarcan a las personas y a los grupos, son la realidad en la que se vive la comunión y el conflicto en la comunidad eclesial.

La realidad vivida plantea el problema de la conflictividad y la dificultad de la comunión. Por otra parte, el evangelio es una llamada profunda y radical a la unidad. Es esta tensión, entre lo vivido y lo proclamado a la luz de la fe, la que define la situación de muchos cristianos.

Mi hipótesis es que esta situación puede conducir a una disolución de la vida de la fe cuando es vivida en negativo. Sin embargo, vivida en positivo, es decir, asumida en la madurez y en un horizonte de fe, puede generar un crecimiento del sentido comunitario y puede llegar a ser un espacio privilegiado de entrenamiento en el diálogo en la verdad. Este crecimiento puede tener repercusiones en el interior de la comunidad eclesial y, simultáneamente, en las estructuras sociales y políticas del mundo.

La condición es la paciencia para ir al fondo de la cuestión y no quemar etapas en el desarrollo del proceso. La otra condición es la capacidad de resistencia para aguantar un proceso largo que no se puede simplificar ni idealizar. El realismo y la fe son los elementos clave del proceso.

2

CAUSAS DE LA SITUACIÓN

La tensión entre la llamada evangélica a la comunión y la realidad cotidiana del conflicto es una situación que afecta a las relaciones personales, grupales, institucionales, diocesanas o internacionales. Sin embargo no todas las manifestaciones responden a las mismas causas. Hay una gran diversidad de situaciones que responden a procesos personales, ambientales y estructurales. Esta es la primera afirmación que hay que hacer cuando nos disponemos a analizar las causas del contexto vivido. Cuando lo ponemos todo en el mismo bloque corremos el peligro de la generalización que es siempre injusta e inútil.

A partir de esta afirmación podemos iniciar la reflexión sobre unas causas que se repiten en las diversas situaciones. En conjunto serán el marco general de las situaciones concretas que son las que realmente existen, y como tal marco nos pueden resultar útiles para incidir en la realidad cotidiana.

Hay un conjunto de causas que podemos llamar externas a la persona, es decir, causas históricas coyunturales, culturales, ideológicas, económicas y socio-estructurales. También hay un conjunto de causas más internas y que afectan a los sentimientos con los que vivimos las situaciones externas. La tensión comunión-conflicto es el resultado de las interrelaciones entre las causas externas y las internas. Solamente las causas externas o las internas producirían una situación de desazón. Sin embargo, cuando confluyen ambas, el resultado es mucho más acentuado en una perspectiva de negatividad y bloqueo general. Veamos un poco el peso de esta realidad.

Entre las causas externas hay que destacar, en primer lugar, el progreso espectacular que se ha producido en occidente en las últimas décadas en lo que hace referencia a los aspectos materiales, técnicos y económicos (medios de comunicación, *mass media,* tecnología avanzada, cibernética, etc.). Este progreso material y técnico no ha ido acompañado de un desarrollo armónico de las dimensiones antropológicas, con lo cual se han generado unos desequilibrios psicológicos y sociales. Por otra parte este progreso ha afectado solamente a una pequeña parte de la humanidad. En el mundo hay bolsas inmensas de pobreza y de miseria que son un desafío para todos, aunque no queramos darnos cuenta del dramatismo que significan. La dedicación de más de 900 mil millones de dólares a la industria de las armas, mientras muchos millones de personas mueren de hambre, puede ser uno de tantos síntomas que describen la contradicción radical de nuestro mundo contemporáneo que para distracción del público algunos "expertos" han llamado post-moderno.

De esta situación estamos informados. Con esto queremos decir que a través de la prensa, radio y televisión recibimos cantidad de imágenes que reflejan *sketchs* diversos que se superponen. Unas imágenes se refieren a los conflictos de guerra entre países, otras a las luchas internas del mismo país, otras a luchas entre generaciones, a reivindicaciones corporativistas, a conflictos personales... etc. Que estemos informados no quiere decir que estemos formados. Con frecuencia nos encontramos frente a la siguiente noticia sin haber digerido la anterior. Si a esto añadimos los impactos de la publicidad que de manera continuada, insistente y muy bien elaborada, nos invitan a un talante consumista, individualista y agresivo, podemos deducir fácilmente el tipo de persona, y la propuesta de vida que conlleva, que se deriva de esta situación. Las fuerzas disfuncionales de la situación establecida cada vez lo tienen más difícil, no solamente para actuar, sino incluso para reaccionar. El resultado es un grave bloqueo para el diálogo en la sinceridad y la veracidad.

Estas causas externas, por sí solas, no producirían los efectos que se deducen cuando hay una complicidad con las causas internas a la persona. Entre estas causas hay que subrayar la importancia del miedo que reduce la persona a una incapacidad de pensar en la libertad, a una ausencia de amor a la vida, y a un bloqueo de la originalidad personal genuina. El miedo hace que la persona se adecue a los comportamientos standard sin creatividad o imaginación.

Otra causa interna es la falta de "silencio personal para escuchar la vida. Cada uno de nosotros podemos hacer fácilmente la prueba de las repercusiones de esta falta de silencio en la crisis de la personalidad, sencillamente preguntándonos un día cualquiera al ir a dormir sobre las veces que hemos sido realmente nosotros mismos a lo largo del día en lo que hemos hecho y hemos dicho. Comprobaremos fácilmente las reacciones estereotipadas, contemporizadoras o agresivas, que hemos tenido.

El miedo y la falta de silencio para escuchar la vida, quedan potenciados por la falta de espacios para la comunicación en profundidad. Es en este contexto que con frecuencia hacemos una autocrítica que adolece de realismo, flexibilidad y visión armónica. A partir de ahí normalmente hablamos de los otros y no con los otros. Con lo cual no solucionamos nada, puesto que los otros no se enteran de nuestros puntos de vista y, de hecho, aumentamos los resentimientos y autodefensas.

Las causas externas o internas conducen a una intoxicación que impide la comunicación con los otros, desarrolla unos fantasmas internos que etiquetan a las otras personas y generan una lucha de poder que conduce a una espiral de alejamiento de toda posibilidad de diálogo crítico y solidario.

Este proceso tiene una manifestación de tipo personal, pero llega a las interrelaciones grupales y estructurales. Las personales son conocidas por todos, puesto que nos afectan directamente en lo inmediato. Las estructurales quedan lejos y piden un tratamiento especial, puesto que dependen de la correlación de fuerzas y de mecanismos propios. Donde los bloqueos personales echan con frecuencia sus raíces y los estructurales encuentran su justificación es en las luchas entre los grupos intermedios, sean primarios o más amplios. Analicemos un poco esta afirmación de cara a la búsqueda de una distensión.

Las luchas entre grupos responden, o bien a un afán de conquista del poder que percibe al otro grupo como una competencia que puede impedir el acceso a dicho poder, o bien como el miedo a que los otros grupos tengan una parte de verdad que hay que reconocer, cuando supere las posturas estereotipadas y entre en un diálogo auténtico y, consiguientemente, el miedo a tener que cambiar mi grupo en vez del otro.

Los grupos, y especialmente los que no vigilan la tendencia que tenemos todos al fanatismo, son un elemento clave en la comprensión de los conflictos, porque son el contexto ambiental en el que las causas externas más estructurales y las internas más personales se encuentran y pueden orientar los acontecimientos hacia una perspectiva de conflicto latente o abierto, a un diálogo de complementariedad, o bien hacia la comunión.

La Iglesia, como toda colectividad humana, participa de la situación mundial y de las causas de la misma. En su dimensión socio-histórica integra los procesos colectivos de la humanidad en su búsqueda de maduración personal-afectiva y sociopolítica. Dicho de una manera más directa, podemos afirmar que los que nos relacionamos, en un país como el nuestro, en el interior de la comunidad eclesial somos los mismos que nos relacionamos en la familia, el trabajo, diversiones, sindicatos, partidos políticos, asociaciones culturales, deportivas, sociales, etc. El grado de madurez en las relaciones intraeclesiales no es otro que el de las relaciones cotidianas. Poniendo una nota de realismo hemos de decir que las relaciones ordinarias en nuestra realidad están muy lejos de ofrecer un horizonte de madurez.

Ahora bien, en el contexto de la Iglesia no todo se puede reducir a una visión sociológica. Hay siempre el elemento trascendente que brota del Evangelio. A la luz del acontecimiento evangélico podemos deducir una causa específica de la comunidad eclesial en la situación vivida respecto de la llamada evangélica a la comunión y de la realidad cotidiana del conflicto y la cerrazón a los otros, por lo menos a nivel de diálogo o intercambio: la falta de evangelización de la propia comunidad.

Si uno de los signos de la autenticidad del camino de la comunidad eclesial es la unidad (Jn 17, 21) y este elemento no se da en la práctica, hemos de reconocer que todavía hay zonas importantes de la vida eclesial que están por evangelizar. Podemos teóricamente hacer un discurso idealista que utiliza las palabras del evangelio, pero vacías de contenido. En este caso realizamos lo que se llama un discurso legitimador, que pretende afirmar algo escondiendo otros intereses detrás de las afirmaciones teóricas. Esta falta de auto-evangelización real explica la falta de comunión en el horizonte y el correspondiente bloqueo de la misión en la exteriorización del ser eclesial. Veremos en el siguiente capítulo cómo misión y comunión son dos elementos inseparables en su desarrollo específico.

Esta causa específicamente eclesial nos afecta a todos. A cada uno en su condición personal, en el ejercicio del ministerio que desempeña para el bien de la comunidad, sea ordenado o no, en el carisma que ha recibido del Espíritu para la edificación del Cuerpo de Cristo (1 Co 12-13), en la situación ambiental y estructural que nos afecta en la coyuntura presente y, en la medida de las propias posibilidades, en la responsabilidad personal o intransferible del seguimiento de Jesucristo y del evangelio.

Cuando llegamos a este momento del análisis de las causas de la situación vivida, creo que debemos reconocer la complejidad del problema y la diversidad de situaciones desde las cuales es vivido. Esta complejidad y esta diversidad sugieren un tratamiento global de la cuestión que evite una simplificación. Por esta razón es vital no perder de vista el horizonte. Este horizonte orientador es el Evangelio.

3

LA PROPUESTA DEL EVANGELIO

La realidad descrita en los apartados anteriores pone de relieve una situación de bloqueo, conflicto y pérdida del horizonte comunitario de la humanidad y del proceder histórico del sacramento universal de la salvación en su dimensión sociológica y espiritual.

Frente a esta realidad vivida hay dos reacciones que de entrada conviene eludir. Una primera reacción, muy normal pero que conduce al "impasse", es aceptar que la situación no tiene remedio. A primera vista hay muchos elementos que apoyan esta postura. No hace falta volver sobre las causas socioeconómicas, psicológicas, culturales y antropológicas del ambiente conflictivo mundial para reconocer como normal tendencia al pesimismo.

Otra reacción comprensible, pero al mismo tiempo muy contraproducente por sus efectos negativos, es la reacción autoritaria y endurecida. Esta postura atribuye la situación vivida a una falta de autoridad y, por ello, afirma insistentemente que la recuperación de la comunión pasa por la reafirmación de unos núcleos formales comunitarios. El problema es que mira la realidad de una manera estática y, al desconocer los procesos de las personas y sus condicionamientos, conduce la dinámica colectiva a una situación peor, es decir, a la lucha de poder, a la espiral de la violencia tácita o expresa y, en definitiva, a un callejón con difícil salida.

Ninguna de estas dos posturas ofrece una alternativa positiva a la situación. La primera por abandono del esfuerzo de reconstrucción de la comunidad eclesial. La segunda por "hacer bajar fuego del cielo que acaba quemando toda posibilidad de diálogo y negociación.

Frente a estas posturas, hay una tercera postura que no consiste en una vía media, sino en volver a los cimientos de la fe, es decir, volver a Jesucristo y al evangelio. Supone un cambio de juego en sus coordenadas antropológicas y teológicas. Supone pasar de un parcheo formal a una revitalización de las raíces profundas. Supone pasar de la lógica racionalista y estática, a la lógica de la fe evangélica.

En nuestro discurso abierto tomamos esta opción de la lógica del evangelio y la fe. Con este paso intentaremos situar la realidad vivida delante del espejo del evangelio para que nos devuelva una imagen regeneradora de la vida cotidiana eclesial. Por esto hemos titulado este capítulo *"la propuesta del evangelio"*. La palabra pro-puesta equivale a «poner delante de alguien una nueva posibilidad». La palabra evangelio equivale a la «novedad gozosa de Jesucristo».

En un primer apartado reflexionaremos sobre la comunión a la luz de la vida y las palabras de Jesús. En un segundo apartado haremos lo mismo a la luz de la Iglesia que quiso Jesucristo. Este doble recorrido nos conducirá a unos criterios evangélicos que puedan orientar las opciones prácticas a tomar.

I.— *Jesús de Nazaret y la unidad*

Para Jesús de Nazaret la temática referente a la comunión no es un apartado más, sino que es el núcleo de su mensaje. Equivale a la salvación, a la Buena Noticia, a los contenidos de la propuesta del Reinado de Dios. Es la novedad del evangelio, unas nuevas relaciones de las personas humanas entre sí y de la humanidad con Dios. Y esto, como un desafío desde Dios a la

Historia para reconstruirla en su originalidad y sentido genuinos.

Sin embargo, esta comunión no es a cualquier precio. Es el resultado de poner como puntos referenciales de la vida *«a los pobres, a los que lloran, a los constructores de la paz, a los limpios de corazón, a los que tienen hambre y sed de justicia, a los sencillos...»* (Mt 5, 1 ss.; Lc 6, 2, ss.). Por esto, al mismo tiempo que Jesucristo ha venido a traer la paz, ha venido a dividir (relacionar Mt 10, 12 con Mt 10, 34).

El mismo Jesucristo, por una parte, pone en el corazón de la historia los gérmenes de la comunión definitiva sin distinciones de ningún género, y por otra parte instaura una semilla de confrontación, sin irenismos, con el poder que prescinde del pobre, con el prestigio que vive de apariencias formales y con el dinero que tiende a funcionar por su propia lógica, al margen de la edificación de la fraternidad, en aras de la situación establecida (Mt 10, 17 ss.).

Este contenido esencial de la comunión, con la consiguiente conflictividad inevitablo que conlleva, es expresada bellamente en el Padrenuestro (Mt 6,, ss.) y en el Magníficat (Lc 1,4, ss.). Aparece en estas dos situaciones como un tema, objeto de esperanza, y que hay que recibir como un don en la nueva capacitación interior que genera la oración evangélica en el corazón de la persona y de la comunidad. Esta perspectiva nos sugiero que una cosa es la comunión como meta y otra la comunión como camino. La comunión como meta es el Reinado de Dios, es decir, la salvación. La comunión como camino es la historia cotidiana real vivida como una vocación y una llamada a construir el futuro de la humanidad, que es el futuro de Dios.

La comunión como meta viene expresada muy bien por el horizonte trascendente de las Bienaventuranzas. La comunión como camino queda plasmada de una manera muy realista y concreta en la propuesta de las «obras de Misericordia» (Mt 25, 31 ss.). Ambos textos de Mateo describen de una manera muy sencilla, pero al mismo tiempo contundente, un cristianismo de comunión bienaventurada (bienaventuranza equivale a la felicidad que viene de Dios) hecho operativo en las obras de amor. Por lo dicho hasta ahora podemos deducir que la comunión es el mismo Jesucristo en Persona. En El, Dios ha manifestado su amor definitivo a la humanidad y ha sellado esta promesa con el don del Espíritu, en Él —Jesuscristo— la humanidad ha dado una respuesta perfecta y definitiva a Dios y, por consiguiente, en su núcleo es ya una humanidad definitivamente salvada. El Unigénito de Dios se ha convertido en el Primogénito de muchos hermanos. En Jesucristo, comunión y misión son las dos caras de la única salvación trascendente, que irrumpe en la historia inmanente para conducirla al puerto de la fraternidad universal, edificada en la filiación divina. Esta salvación no obstante tendrá el precio de la pasión y muerte de Jesús de Nazaret como paso a la resurrección pascual. Se trata de una anticipación ferviente del caminar de la fe en el agridulce de la comunión como vocación y como camino realista en la historia de la injusticia y de la corrosión del egocentrismo personal o colectivo.

Jesucristo se compromete con la primera Iglesia a ser el germen regenerador de la comunión (Jn 17, 11-21), promete esta comunión a los que están en camino (Mt 9, 12-13) y advierte sobre la condición básica para recibir el don de la comunión (Mt 10, 39). Su propuesta de comunión conlleva una conflictividad que a El lo conduce a la muerte en la cruz. Esto será el camino de la fe en la historia, una paz serena en la profundidad, y una alteración de las coordenadas sociales egocéntricas y materialistas en la superficie. Esta conflictividad en las "olas superficiales sin perturbar el mar de fondo" será el caminar de Jesús y los cristianos a lo largo de la historia. Esto permite tomar posturas conflictivas y radicales sin producir como material de derribo el germen de la enemistad y la descalificación del otro (Lc 6, 2 ss.). Curiosamente este texto del perdón a los enemigos está situado a continuación de las bienaventuranzas y las malaventuranzas.

Podemos volver a repetir, por tanto, que la comunión es Jesucristo en Persona. Nosotros tenemos acceso a la comunión como camino, llamada, procesado y aprendizaje, como gracia y, por tanto, en la fe. Esta sería, a mi modo de ver, la primera clave de la propuesta evangélica, el pasar de creernos los dueños y señores de la comunión a descubrirnos como aprendices de la misma. Esto, que a primera vista puede parecer una gran rebaja en las aspiraciones de transformación de la realidad, es todo lo contrario. Es una radicalización del esfuerzo de regeneración eclesial. Podríamos ilustrar esta afirmación con un ejemplo que me puso en un encuentro juvenil un militante obrero cuando afirmó que *«en una tempestad los árboles son arrancados mientras que la hierba permanece»*. «La fuerza de la hierba —decía este joven— radica en su debilidad».

Por otra parte la fuerza de la Iglesia no está en la diplomacia sutil o en la lucha de poder. La fuerza de la Iglesia es Jesucristo, el acontecimiento evangélico y la esperanza trascendente que brota de la fe. El Apocalipsis, que es el Éxodo del Nuevo Testamento, expresa bellamente esta esperanza radical cuando se dirigen a la Iglesia en camino estas palabras tan reconfortantes, *«No temas, Yo Soy el Primero y el Ultimo, el que vive, estuvo muerto, pero ahora vivo por los siglos de los siglos, y tengo las llaves de la muerte y de su Reino»* (Ap 1, 17-18). Cuando Dios reina las cosas van siendo así.

Si superamos la "arrogancia del árbol para poder vivir en la sencillez de la hierba" creo que se impone, frente al escepticismo y al endurecimiento autoritario, la vuelta a Jesucristo y al evangelio.

Esto hicieron los discípulos de Juan el Bautista cuando siguiendo a Jesús le preguntaron: *«¿Dónde vives?»* (Jn 1, 38) y Él les contestó, *«Venid y lo veréis»*. Es en el seguimiento de Jesucristo a lo largo de toda la vida, con sus altibajos, contradicciones, gozos y esperanzas, que podemos ir aprendiendo las claves reales de la comunión vivida en medio del conflicto. Por otros caminos nos quedaremos con una comunión teórico-idealista irreal o bien con un conflicto sin comunión. En esta perspectiva del seguimiento de Jesús será posible "meterse en líos sin ser una persona liosa". Aprenderemos también a no arrancar la zizaña con el trigo (Mt 13,2 ss.), a no juzgar las intenciones de los otros sin perder la capacidad crítica de los hechos (Mt 7, ss.) y adquiriremos la regla de oro de la convivencia edificada en la comunión real (Mt 7,12).

La comunión vista a la luz de la persona de Jesucristo es un don de Dios que supone situarse en el terreno de la limitación y de la conciencia de una necesidad de salvación, del paso de vivir en negativo a vivir en positivo, de una mirada parcial y superficial de los hechos y las personas a una mirada globalizante y total, de una pasividad alienante a una actividad serena y silenciosa, de un activismo enervante a la creación de espacios armónicos, de la ruptura al diálogo, de lo estático a lo dinámico, de lo superficial a lo esencial, de lo marginal a lo nuclear, de los maximalismos a la jerarquía de las verdades, del absentismo a la denuncia, de la crítica parcial al anuncio de la esperanza.

Jesucristo es el tesoro escondido en el corazón de la historia, del cual la Iglesia está llamada a ser "sacramento universal". Él es la *«Sal, la Luz, la Vida, el Camino, la Verdad, la Palabra»* de la Iglesia. La Iglesia no tiene otra justificación que la fidelidad a la propuesta del evangelio. Ella será juzgada por su capacidad de transmitir a Jesucristo y de haber intentado amar a las personas sin ninguna distinción.

II.— *Jesucristo y la Iglesia*

Jesús en el evangelio quiere una Iglesia edificada en un eje central, la comunión y la misión. Este eje central será como la columna vertebral por la que circula la savia del evangelio. Será como el doble movimiento que, sincronizando, —a la manera de la sístole y la diástole de la sangre— hace circular la vida por el cuerpo. Estos dos elementos que constituyen la columna vertebral de la Iglesia no pueden separarse sin la autoaniquilación de la misma Iglesia. Cuando falla uno de los dos, la Iglesia deriva hacia una organización sin vida esperanzada y gozosa, o bien hacia una empresa narcisista que vive cerrada en sí misma (Mt 10,39).

El resultado es la pérdida del horizonte del ser. Cuando este se da, la articulación eclesial se realiza en el activismo del hacer o bien en la abstracción del saber alienante. Es entonces cuando aparecen los problemas de la falta de identidad, las confrontaciones esterilizantes, la generación de un clima de dispersión, de pesimismo, de frialdad y de bloqueo generalizado. Es entonces también cuando aparecen los problemas de estructura. Detengámonos brevemente en la consideración de este dato.

La Iglesia, como toda entidad humana histórica, necesita de unas estructuras. Pero la estructura está al servicio de la vida. Es como la estructura de una casa que está al servicio de la habitabilidad, el canal de agua que está al servicio del regadío de los campos, o las carreteras que están al servicio de la circulación de las personas. Cuando las estructuras están al servicio de la vida no plantean problemas y generalmente son aceptadas como necesarias. La mejor prueba de que una estructura es viva radica en que nos acordemos mucho de ella. Es como los puentes que no nos damos cuenta cuando están, pero emergen en su importancia y grandeza cuando no están o desaparecen por alguna causa. Cuando hablamos demasiado de unas estructuras, quiere decir que hay problemas. Esta afirmación general la podemos aplicar también al hecho eclesial. Cuando las estructuras están al servicio de la comunión y la misión, no solamente no plantean ningún problema sino que son absolutamente necesarias. Cuando se desarticulan del acontecimiento evangélico es cuando plantean problemas.

Cristo dio a su Iglesia unas estructuras básicas, la Palabra que articula la Regla de fe, el Ministerio al servicio del Misterio de Dios y los sacramentos de la vida. Estas estructuras evangélicas implican en cada generación unas estructuras complementarias para hacer viables las estructuras nucleares de la fe. Lo importante será saber dilucidar la necesidad coyuntural de las mismas sin absolutizar la conveniencia de cara al futuro. Es importante dar respuesta a los problemas del momento presente sin hipotecar el futuro.

El Concilio Vaticano I, ha articulado esta perspectiva de Iglesia en la descripción de la misma como Pueblo de Dios y Sacramento Universal de Salvación (L.G. cap.2). La definición de la Iglesia como Pueblo de Dios acentúa la dimensión de comunión. La definición de Sacramento pone de relieve la perspectiva misionera. Ambas se complementan sin confundirse ni separarse.

Si la Iglesia sigue escuchando la llamada evangélica, ha de seguir avanzando en la comunión y la misión (Ef 1, 15-23), ha de congregarse en el nombre de Jesucristo (Mt 13, 31-33), ha de sentirse articulada en la fraternidad universal de Jesucristo (Mt 18, 20), no puede renunciar a la unidad sin renunciar a Jesucristo (Ga 3, 28, Jn 17, 20-26), ha de reunir en la unidad a todos los hijos de Dios (Ef 2, 14-21), ha de tener un solo corazón y una sola alma (Hechos 4, 32-37; 2, 42-47), ha de vivir la comunión con el Cuerpo de Cristo en la justicia y la sacramentalidad (1 Co 13, 1-13, Rm 12, 3-12) y está llamada a ser testigo de Jesucristo resucitado (Hechos 1, 8 ss.; 2 Co 6,3-10) sintiéndose Pueblo de Dios en marcha (1 P 2, 4-10). Este conjunto configura lo nuclear en la Iglesia que quiso Jesucristo.

El servicio a la comunidad, la contemplación de la Palabra, la responsabilidad compartida, la primacía del amor, la fraternidad, la filiación divina, la flexibilidad en lo accesorio sin renunciar a la profundidad en lo esencial, y la comunicación, son los elementos que hacen viable la existencia comunitaria. Desde ahí, ser distintos no será sinónimo de estar divididos, será posible el diálogo y buscaremos lo que nos une por encima de lo que nos separa. Sin esto, un pequeño detalle será suficiente para provocar la separación sin tener en cuenta lo que nos une.

Con ello, la diversidad de ministerios y carismas será un elemento de crecimiento comunitario. La Iglesia en su diversidad, como Cuerpo Místico de Cristo, Pueblo de Dios y Sacramento de la salvación, dentro del dinamismo de la Historia, será *«sal, luz, levadura, comunión de fe, esperanza, amor, contemplación, compromiso temporal, celebración sacramental de la fe y reveladora de la presencia de Dios en el mundo»,* y animada por el Espíritu de Jesús, será fermento de la comunión y la misión evangelizadora» (Mt 28,18 ss.).

Todo esto que acabamos de decir es *«imposible para los hombres, pero es posible para Dios»* (Mt 19,26). Es por esta razón que hemos afirmado que se realiza como gracia y, por tanto, en la fe. Esta convicción supone trabajar la comunión y esperarla como don. Sin trabajo comprometido no llegará; pero su venida no será el resultado aislado de nuestro esfuerzo, sino la capacidad esperanzada de acogida del don de Dios.

Esta transformación profunda del ser eclesial conduce a no confundir los elementos complementarios con la contradicción radical. Los elementos complementarios son aquellos que subrayan aspectos diversos pero no contradictorios. La contradicción radical es aquella que no admite ninguna clase de acuerdo por excluir totalmente al otro elemento de la disyuntiva.

Hay muchas disyuntivas planteadas como totales que en realidad no lo son. Con frecuencia no solamente no se excluyen sino que, vividas en positivo, pueden fermentarse mutuamente hacia un crecimiento solidario y estimulante del bien común. No es el momento de poner todos los ejemplos que pueden ilustrar esta afirmación. Pondremos algunos a título de ilustración general, compromiso-evangeliza-ción, persona-estructuras, fe-secularidad, interiorización-exteriorización, acción-contemplación, tradición-novedad, lucha-gratuidad, crítica-corresponsabilidad, seguridad-bús-queda, interrogación-afirmación, libertad—compromiso, evangelizar—ser evangelizado, catequesis-evangelización, libertad-salvación, humanización-evangelización, opción por los pobres-amor universal, denuncia-anuncio, testimonio personal-testimonio colectivo, evangelización implícita-evangelización explícita, fidelidad al momento presente-visión global, especialización-apertura a lo universal, proceso-globalidad, respeto-exigencia, actitud no directiva- radicalidad, respeto a la persona-coraje pastoral, análisis estructural-responsabilidad personal, política-fe, análisis social-reflexión teológica, mayoría-minoría, ministerio-pue-blo, concreción cultural-universalidad, justicia-fe, compromiso intraeclesial-compromiso social, etc., etc. Sirva como ejemplo de la confusión entre elementos complementarios y contradictorios.

Si tomamos conciencia de la complementariedad de la vida y la fe en el horizonte del Reino de Dios, es posible realizar algunas afirmaciones evangélicas respecto de la Iglesia de cara a la misión recibida de Jesucristo. Sin afirmaciones que se implican mutuamente y que se vitalizan hacia la madurez.

La Iglesia que quiso Jesús es una comunidad que está al servicio de la santificación de las personas. Esta santificación de ninguna manera es una santificación individualista. En realidad es un desarrollo del plan de Dios sobre la historia personal que repercute en un crecimiento hacia dentro (intimidad) y en la solidaridad universal (relación). Ambas dimensiones del ser desarrollan el proyecto de Dios sobre la historia de la persona y la comunidad.

La Iglesia que quiso Jesús es una comunidad que se toma en serio la transformación del mundo, en las coordenadas del amor concreto y universal, tal y como lo expresa la *"Evangelii Nuntiandi"* (n.29-31). Y esta por razones antropológicas, teológicas y evangélicas. Nadie puede afirmar que, al realizar este cometido, la Iglesia está inmiscuyéndose en la esfera de lo político. Cuando se dice esto, podemos sospechar que los intereses de poder intentan bloquear el proyecto de Dios sobre la historia.

La Iglesia que quiso Jesús es una comunidad de fe que ha de dejar las actitudes narcisistas y acomplejadas para emerger como responsable de la misión que recibió del Señor encarnado, muerto y resucitado. Las actitudes necesitadas conducen a la auto-contemplación paralizante y enfermiza. Los complejos actúan como elementos bloqueadores del desarrollo comunitario en su fidelidad evangélica. Actitudes narcisistas y complejos paralizantes son los enemigos internos que conducen la comunidad eclesial a un discurso incoherente o intrascendente. La respuesta a estos bloqueos es la asunción responsable de la misión evangelizadora de Jesucristo. Esta misión evangelizadora implica la articulación comunitaria en la fraternidad universal en Jesucristo y la comunión con toda la persona y todas las personas (L.G.1,1).

La Iglesia que quiso Jesucristo tiene en su meta y culminación la realización de este proyecto de Dios sobre la historia, pero va realizando este cometido en la vida de cada día, en la ambigüedad y en la discreción. Al mismo tiempo que va anunciando esta posibilidad a la historia general, tiene que ir realizando esta dinámica en el interior de ella misma.

En la Iglesia no hay *territorio propio* que pueda establecerse al margen de los otros. Es una actitud primaria el establecimiento de un coto cerrado a la comunidad. La Iglesia es un espacio abierto a la universalidad. No puede construirse al margen del Dios de la Vida que es comunión y amor. De la misma manera la Iglesia ha de salir de sí misma para poder ser.

Por esto la Iglesia que quiso y quiere Jesucristo es una Iglesia de comunión y misión. La comunión es la fuerza centrípeta que articula la comunidad en el amor alrededor del Evangelio de la Vida. No es una comunicación abstracta al margen de la convivencia, el diálogo, la negociación de la cooperación. Es un espacio histórico y trascendente que intenta realizar, de una manera tal vez precaria pero real, la unidad como don y como tarea. La Eucaristía, que es el sacramento central y centrador de los otros sacramentos, es una anticipación mística pero real de esta plenitud. Simboliza con los signos de Jesús una plenitud que todavía no se da de una manera total, pero que ya va emergiendo en pequeñas realizaciones existenciales.

La comunión no es posible sin la misión. Si toda comunidad es un proceso de exteriorización de su ser, que conduce a una objetivación más allá de las intenciones iniciales y que ha de interiorizarse nuevamente en un desarrollo dinámico siempre actuante, podemos decir de la Iglesia que quiso Jesucristo que es un proceso de exteriorización, en la misión evangelizadora, de la comunión recibida como don de Dios, para transformar el mundo hacia la justicia y la verdad. Las pequeñas realizaciones han de ser nuevamente interiorizadas por la comunidad eclesial para ir desarrollando su ser hacia una plenitud.

Si Jesucristo es la comunión y la unidad, la Iglesia está llamada a ser el signo sensible y eficaz de la novedad de Dios. La Iglesia no puede renunciar a la comunión sin dejar de ser ella misma, pero, por otra parte, no puede afirmar la comunión como un hecho teórico sin implicarse en la edificación de las condiciones existenciales que posibilitan la comunión real y sin dicotomías.

Con el evangelio podemos afirmar esta urgencia como ineludible. Todo el Pueblo cristiano está implicado en esta tarea, los obispos, sacerdotes, religiosos y laicos. Cada uno en el ejercicio de su ministerio y su carisma estamos llamados a poner nuestra capacidad al servicio de la comunión y la misión.

Cuando llegamos a esta convicción, la contemplación del Evangelio nos conduce a la conversión personal, ambiental y estructural.

A nivel personal se trata de reconstruir los puntos de referencia en el marco de la llamada evangélica. Esto supone un cambio de mentalidad y de comportamiento. Antes que exigir a los otros lo que tienen que cambiar, compromete a exigirse uno mismo un compromiso de autonomía y solidaridad.

A nivel ambiental se trata de generar un clima nuevo que permita la superación del miedo a los otros, el resentimiento colectivo delante de las heridas históricas que todos llevamos dentro y la posibilitación de una atmósfera de sinceridad y veracidad. Este clima positivo permitiría unas nuevas relaciones, al principio tensas pero poco a poco más distendidas, de cara a un diálogo y negociación para buscar y afirmar lo que nos une por encima de lo que se espera.

A nivel estructural, esta conversión a la que nos referimos fundamentaría unos nuevos criterios de actuación para reconocer la limitación inherente a toda persona humana, pero al mismo tiempo para descubrir que nadie sirve para todo y todos servimos para algo. Unas estructuras eclesiales, que tengan como epicentro de su actuación este principio, son la clave de una renovación en la esperanza de cara al futuro. Muchos de los problemas y quejas que se generan en la actualidad desaparecerían para dar paso a la esperanza.

Sin embargo la espiral *situación personal, clima ambiental y peso estructural* se condiciona mutuamente y, a primera vista, hace casi imposible una reacción simultánea de todos los elementos que intervienen en el proceso de reconstrucción de la autonomía solidaria. Es importante mantener la claridad en el objetivo, pero hace falta descubrir las condiciones objetivas y los caminos operativos para avanzar desde donde estamos hacia donde queremos ir.

Por esta razón, en el capítulo siguiente analizaremos las reacciones frente a la propuesta del evangelio y en otro capítulo los caminos de la realización de la comunión en el contexto del conflicto.

4

REACCIONES ANTE LA PROPUESTA EVANGÉLICA

El primer paso a dar para avanzar en la transformación evangélica de la Iglesia, en la tensión comunión-conflicto, es la llamada a identificarse personalmente frente a la situación real. Solamente desde ahí los procesos grupales y estructurales avanzarán en profundidad. De otra manera produciremos literatura teológica y pastoral vacía.

Identificarse personalmente no equivale a una reducción individualista del tema que nos afecta. Todas las cuestiones que afectan a la persona y a la comunidad tienen una doble dimensión, la intimidad o movimiento hacia dentro, y la relación o movimiento hacia fuera. Ambos movimientos se equilibran mutuamente y se reconducen a la madurez. Identificarse personalmente significa observar la realidad vivida y observarse a uno mismo dentro de esta misma realidad. Ambos elementos definen la postura existencial.

A partir de la realidad vivida y la llamada evangélica a la comunión se dan tantas reacciones como personas. Sin embargo hay unas tendencias más marcadas que definen unas orientaciones básicas. Las vamos a exponer con la finalidad de estimular el propio análisis, tanto de la postura personal como del entorno.

Hay una primera tendencia que es la que podemos llamar de *"auto-engaño"* o de reduccionismo del problema. Es la postura que considera que es un problema artificial de algunos, pero que no afecta a la Iglesia como tal. Este auto-engaño facilita la fuga del problema exterior, al negar su existencia, y hace que uno mismo no se implique personalmente en la cuestión puesto que afecta, en todo caso, a algunos disidentes.

Una segunda tendencia es la que podríamos llamar *"sociológica"*. Es la corriente que no cae en fuga del problema, sino todo lo contrario. El tema comunión-conflicto no es un problema más, sino el gran problema que es el germen de todos los otros problemas, de manera que no se podrá hacer nada hasta que se resuelva éste. Esta corriente ayuda mucho a detectar las causas de la problemática vivida y, consiguientemente, aporta un gran realismo al análisis de la cuestión. El peligro para una identificación personal es que uno mismo quede fuera del problema, como si en realidad sólo afectara a los otros, creando una distancia que algunos han llamado "científica" o distancia objetiva de la problemática que nos afecta. Esta distancia, sociológicamente necesaria para una objetividad, puede llegar a ser fácilmente un pretexto para la no implicación personal y para eludir todo tipo de compromiso. Sin embargo esta tendencia ayuda a la comunidad a realizar un diagnóstico realista.

Una tercera tendencia es la que podemos llamar *"psicológica"*. Es aquella postura que ve los efectos de la división y conflicto eclesial en sus repercusiones personales, tanto las que afectan a los otros como las que lo afectan a uno personalmente. En esta tendencia podemos ubicar la situación de aquellas personas que, como consecuencia del clima conflictivo, viven una actitud de miedo, tristeza, resentimiento, inseguridad, desconcierto. Es desde ahí que hay que analizar las posturas involucionistas, sectarias, escépticas, perplejas, irenistas, programáticas y flexibles.

El involucionismo es una reacción frente al miedo a perder algo importante y a perderse uno mismo en este acontecimiento. Aunque esconde una falta de confianza en el futuro, intenta reaccionar frente al peligro y a la agresión del ambiente. Cuanto más lo atacan, más justificaciones encuentra para fortalecer la involución. Tiene un aspecto positivo que es la voluntad decidida de fidelidad a las raíces. Tiene el peligro de la desconfianza en la providencia de Dios. Seguir siendo fiel a las raíces será su aportación a la comunidad. Convertirse a la providencia será la llamada a una fidelidad todavía más profunda.

El sectarismo no hay que confundirlo con el involucionismo. Es un paso más allá que conduce a la cristalización de posturas y a la cerrazón a cal y canto. Normalmente entonces aparece un lenguaje, unas normas, un control social, una seguridad psicológica, un proyecto y unos tabús, que impiden el diálogo con la realidad colectiva. Se cae en la unidimensionalidad y en la combatividad agresiva. El sectarismo es la antítesis de la comunión y la catolicidad. El simplismo que esconde pide una terapia y una liberación. Sin embargo, en tiempos como los actuales no solamente no desaparecerá sino que irá en aumento. La razón es muy clara, ofrece seguridad aunque sea al precio de la libertad y de la capacidad creadora.

El escepticismo se entiende a partir del fracaso de las posturas personales ingenuas o a-críticas y del choque de las mismas con la realidad social, cultural, estructural y ambiental. Se produce después del primer fracaso o de la acumulación del desencanto acumulado. A veces el fracaso no es tanto de los hechos como de la soledad con la que uno ha vivido la situación. El escepticismo es una vivencia que tiene una vertiento negativa cuando desemboca en el nihilismo, pero tiene una vertiente positiva, cuando ayuda a tomar conciencia de la propia limitación, pobreza personal, incapacidad de salir a flote en solitario y abre, en definitiva, a la necesidad de salvación. En la vertiente negativa conduce a la agresión en solitario o en colectivo, que es la característica principal del sectarismo que hemos descrito antes.

La perplejidad es una etapa muy interesante en esta tendencia psicológica. Se produce cuando uno descubre que él solo no tiene la solución. Todavía no sabe si hay solución, pero ha dado un paso importante hacia la comunión cuando ha descubierto que, si la hay, depende de muchos. Esta perplejidad puede conducir a la búsqueda de soluciones superficiales o a la profundidad. Entre las soluciones superficiales podemos situar al pragmatismo que busca una solución inmediata y al irenismo que intenta la solución exterior a cualquier precio sin reconocer la complejidad de la realidad ni aceptar el precio de la comunión que es el compromiso hacia la solidaridad centrada en Cristo.

La flexibilidad es la reacción que descubre la situación en su complejidad, se descubre a sí mismo como parte del problema y de la complejidad del mismo, y acepta que no hay solución fácil. Frente a este conjunto de datos, esta postura reconoce que la solución no es inmediata ni individualista, que no es estática sino dinámica, que no puede ser arrogante sino edificada en la sencillez, que no ha de restar sino sumar aportaciones, que no ha de plantear la temática como un dilema sino como una complementariedad y que, en definitiva, la comunión es una meta a la que hay que ir por el camino de la tolerancia, el diálogo, la negociación y complementariedad. Esta actitud flexible y tolerante ayuda a realizar un análisis de los hechos de una manera realista y abierta. Ayuda también a implicarse personalmente en la situación sin crear dependencias de la misma. Es, finalmente, un clima adecuado para la esperanza trascendente al disponerse a recibirlo todo de todos.

Dos elementos configurarían esta postura, la autonomía personal y la solidaridad. La autonomía personal es la maduración personal hacia la adultez que conlleva una capacidad de observación de la realidad, de análisis de la misma, de la lectura creyente de la realidad a la luz del acontecimiento evangélico y de toma de postura personal en el interior de la comunidad, desde el respeto, la sinceridad y la veracidad. La solidaridad es la capacidad de construir con solidez en la vida concreta y convivencial de cada día. Cuando esto se da, cada uno descubre sus propias capacidades y las de los demás. El resultado es que la comunidad descubre que nadie sirve para todo pero que todos servimos para algo. Cuando esto es aceptado, hemos puesto las condiciones para la unión; el fruto de la misma es la comunión.

Si nos hemos detenido largamente en esta tercera tendencia no es porque el autoengaño o la clave sociológica no sean importantes. Hay que afirmar que la dimensión psicológica y sociológica se condicionan mutuamente, de manera que no se pueden separar sin correr el riesgo de la parcialización de la verdad antropológica. Hemos acentuado la dimensión psicológica porque la sociológica es más conocida y ha sido vivida con más intensidad en las últimas décadas. Esta clave psicológica complementaria creemos que puede ser un pequeño cambio de juego que puede contribuir al desbloqueo de la cuestión y a eludir el auto-engaño o las posturas sectarias y nihilistas.

Una cuarta tendencia es la "teológico-pastoral". En ella se tienen en cuenta los condicionantes de la realidad, sin disimular el dramatismo que a veces esconden. Por esto observa la realidad, la analiza y la interpreta a partir de ella misma, es decir, con las claves sociológica, psicológica, cultural y antropológica. Sin embargo, y al mismo tiempo, esta tendencia introduce el acontecimiento evangélico como elemento central para una mirada a la realidad desde la perspectiva de los signos de los tiempos, para un análisis de la misma realidad a la luz del plan de Dios sobre la historia, y, todo ello, no para explicar la realidad sino para convertirse uno mismo o implicarse en la realización de la Verdad y en el proyecto de la Fraternidad centrada en Cristo.

Esta tendencia supono la fe. Esta fe es ciertamente una opción fundamental que no ha hecho todo el mundo. Hay gente que explícitamente no se sitúa en el universo de la fe. Puede haber otros que teóricamente se sitúan en el universo de la fe pero que no aceptan las consecuencias de la misma. Se pueden dar sujetos que aceptan muchos valores éticos de la fe pero sin confesión explícita ni referencia a Jesucristo. Tampoco faltarán quienes enmarcan su existencia en el contexto eclesial, pero no por motivos de fe sino por motivos socioculturales y sociopolíticos. Cuando hablamos de la fe no podemos simplificar sin reducir la cuestión clave de la vida a la intrascendencia.

La tendencia teológico-pastoral pretende evitar el reduccionismo del tema de la comunión-conflicto a su dimensión psicológica o sociológica. Pero, al mismo tiempo, tampoco quiere caer en el reduccionismo de una reflexión nominalista que margina el proyecto de Dios de la vida real de las personas, de los acontecimientos y luchas, de las esperanzas y proyectos humanos, en aras de un verbalismo académico, idealista o irreal para la historia de los hombres y mujeres, que es la historia creada por Dios, en la que se encarna Jesucristo (Jn 1,14), y en la que el Espíritu de Dios sigue presente para hacer avanzar el mundo material, la vida y la inteligencia sentiente hacia el amor.

La realización de la tendencia teológico-pastoral se concreta en el diálogo entre la fe y la cultura, entre la fe y la justicia y entre la fe y la persona humana concreta, así como en los ambientes y las estructuras que la condicionan. En la concreción donde se avanza hacia la comunión real en medio de la conflictividad humana inevitable. Esto es válido tanto para la vida intraeclesial como para la realidad extraeclesial.

Estas cuatro tendencias —el autoengaño, la sociológica, la psicológica y la teológico-pastoral— coexisten en cada uno de nosotros. No son una clasificación de las personas sino unos ejes que permiten el análisis objetivo de la realidad en la medida de lo posible, y un análisis de la propia realidad en el interior de la situación colectiva. Es por esto que hemos afirmado que no son una clasificación de las personas sino unos puntos de referencia para la identificación personal, tal como hemos indicado al principio del capítulo.

Esta identificación personal, en su vertiente de intimidad o movimiento hacia dentro y en su vertiente de relación o movimiento hacia fuera, es básica para establecer un diálogo en la verdad.

Por una parte nos permite asumir los condicionantes de la realidad, que está profundamente marcada por un clima de división y conflictividad, y al mismo tiempo, recibir la llamada del Evangelio a la comunión como una realidad esencial a la fe, de manera que renunciar a ella es renunciar al mismo Jesucristo, encarnado, muerto y resucitado y, por tanto, al Padre que nos reveló y al Espíritu que nos entregó.

Esta fidelidad a la vida y al evangelio son el punto de partida para caminar hacia la comunión desde la diversidad, es decir, a la fraternidad universal. Nos sitúa en una perspectiva de aprendices de la comunión y no de jueces de la misma. En esta perspectiva será posible avanzar, en un proceso real, desde los caminos de la comunión hacia la Comunión como meta y horizonte de toda la existencia.

5

LOS CAMINOS HACIA LA COMUNIÓN

La transformación evangélica de la Iglesia de cara a la comunión en la diversidad sin que el conflicto, normal en toda condición humana, derive en el bloqueo paralizante o en la lucha abierta, pasa por la búsqueda de caminos que nos permitan avanzar desde lo que somos hasta lo que queremos ser.

Estos caminos parten de la realidad vivida y de la presencia del Espíritu en el interior de esta realidad histórica. Desde este punto de partida hay que profundizar en la dinámica de la diversidad para llegar a la comunión. Es un proceso que tiene sus raíces en la conversión y que durará toda la vida. La comunión, en este mundo, no será nunca la ausencia de conflictos sino la manera de situarse frente a ellos desde unas coordenadas de armonía, cooperación y esperanza.

En un extremo del camino está la descalificación total del otro, sea desde las esferas del poder, sea desde las interrelaciones primarias. En el otro extremo está la meta de la comunión o significado vital común. Entre un extremo y el otro está el camino de la cotidianidad y de la realización de pequeños o grandes pasos hacia la armonía comunitaria. Este proceso o camino lo debemos recorrer todos, sea cual sea el ministerio que ejercemos en la comunidad, el carisma que hemos recibido o el proceso personal de maduración. Todos estamos, pues, comprometidos en la tarea. Es, sin embargo, el ministerio jerárquico quien por su misión más específica en el interior de la Iglesia está llamado a velar a fin de que la dinámica colectiva no decaiga. El ministerio jerárquico está al servicio de la Palabra de Dios y los Sacramentos, para que se mantenga la fidelidad a la fe, la esperanza y la caridad, y, en función de esta fidelidad, está al servicio a la unidad del Pueblo de Dios.

El camino es la vida de cada día. Es un proceso con etapas que hay que seguir para culminar el objetivo final. Exige constancia y convicción para no pararse ni buscar soluciones superficiales. Reclama paciencia para mantener el ritmo sin decaimientos.

Cada situación concreta tiene muchos matices y, por tanto, es imposible ofrecer fórmulas mecánicas. Sin embargo, sin caer en formulismos de tipo simplista, podemos sugerir unos elementos básicos que intervienen generalmente en el proceso.

Para mayor claridad agruparemos estos elementos en tres grandes bloques, elementos psico-sociales o antropológicos, elementos teológico-espirituales, y elementos evangélico-eclesiales.

I.— *El camino antropológico*

El camino antropológico o psicológico-social es el proceso que conduce de la dependencia agresiva a la interdependencia comunitaria. Es el camino que conduce de la pasividad o del activismo, a la comunicación. Es el camino que lleva de la inmadurez afectiva a la adultez existencial.

En este camino hay un primer elemento que es la superación del miedo a la libertad. Este miedo a la libertad en un primer estadio se elude mediante una dependencia aceptada acríticamente. Esta dependencia da seguridad, aunque sea un alto precio personal, y es aceptada por necesidad en determinados momentos del proceso. En este estadio se produce todo tipo de conflictos con los que no son del propio grupo y pertenecen a otras siglas o agrupaciones y, por el contrario, se ejercita una obediencia ciega con los del propio grupo, puesto que esta obediencia es el precio de la seguridad que uno tiene. A veces se ataca duramente a los otros grupos acusándolos de autoritarios y dictadores sin darse cuenta de las complicidades autoritarias del propio colectivo. Aunque el precio sea alto, en este estadio el colectivo en el que se practica la dependencia, permite a sus miembros vivir sin necesidad de pensar y plantearse la propia existencia. Sus miembros se dedican a la diversidad competitiva, a la lucha por el poder, a las actitudes paternalistas hacia los otros o bien a la persecución clara y patente de los mismos. Podríamos poner muchos ejemplos plásticos que acontecen en el interior de la Iglesia para ilustrar esta afirmación.

En un segundo estadio, el miedo a la libertad conduce a la ruptura, cuando uno se da cuenta de la falsedad de las actitudes dependientes y de los resultados negativos a que conduce. Esta es la etapa de la agresividad indiscriminada. Hay agresividades que emergen de una situación caótica y de falta de puntos de referencia que conducen a unas reacciones primarias, si bien con mucha frecuencia la agresividad es una autodefensa frente al miedo y a la soledad o falta de afecto. Cuando se produce la ruptura, en esta etapa, si hay un clima comunitario que permite la flexibilidad y facilita los procesos personales y grupales, habrá un primer momento en el que se produce un distanciamento de la comunión y se generan conflictos, pero poco a poco se produce un reencuentro, más allá de las actitudes dependientes, hacia las interdependientes. Este reencuentro conduce a la superación de los conflictos. Si hay un clima autoritario y endurecido, la agresividad irá en aumento hacia actitudes destructoras de los otros o bien autodestructoras y paralizantes del proceso propio.

Todavía hay una tercera salida en este estadio de ruptura, y es la renuncia a la libertad en aras de lo que **Erich Fromm** expresó de una manera muy luminosa con el calificativo de *"la conformidad pasiva"*. Esta reacción ante el problema es una vuelta sutil a las formas de dependencia. Aparentemente en este caso se produce a nivel exterior un clima de superación de los conflictos, puesto que nadie protesta ni cuestiona la realidad vivida. Sin embargo, es la manera más radical de conflictividad, puesto que el mal va por dentro y, lentamente o a grandes pasos, va aniquilando el dinamismo comunitario, al mismo tiempo que abre el camino hacia la muerte. Por esto es mucho más peligroso y negativo para la comunión que la conflictividad abierta. Cuando la conflictividad aparece y se puede observar, por lo menos cabe la reacción y, por muy dura que sea la situación, a grandes males se pueden poner grandes remedios.

En este estadio de la ruptura se supera la actitud narcisista infantil y se descubre la complejidad de todo lo humano, se hacen pequeñas experiencias de uso del poder propio y personal para construir en positivo, y se empieza a descubrir que al rechazo de las formas de dependencia lo ha de seguir la construcción de la autonomía personal.

Este primer elemento o miedo a la libertad siempre interviene en el camino antropológico hacia la comunión. El miedo a la libertad no se supera ni con la dependencia, ni la agresividad, ni con la conformidad pasiva, sino con la autonomía y la solidaridad.

Cuando se han dado los pasos oportunos para superar el miedo a la libertad, solamente se ha conseguido vencer el obstáculo principal que impide construir en positivo. Es entonces cuando empieza el trabajo positivo. Este trabajo positivo tiene una primera etapa de autoafirmación en el desarrollo personal y grupal y posee una etapa ulterior en la que la edificación de la propia autonomía no prescinde de los demás y se solidariza con los otros desde una postura de gratuidad.

La autonomía personal brota del descubrimiento de la propia originalidad. Es lo que el Papa Juan Pablo I, ha afirmado repetidamente cuando dice que la persona humana es única o irrepetible. La autonomía le permite a uno ser él mismo, sin necesidad de disimular nada, ni compararse con los otros, ni competir con los mismos. Esta libertad frente a las provocaciones de fuera es el resultado de construir los propios caminos en el trabajo y el amor. Esta primera etapa de autoafirmación en positivo puede conducir, en un segundo momento, a la gratuidad en las interrelaciones con los demás. Cuando esto se da, uno ya no sabe vivir al margen de la solidaridad, al descubrir que no es posible llegar a un verdadero desarrollo de la propia autonomía sin los otros, puesto que ellos también forman parte del propio ser.

Este proceso más psicológico hacia la madurez, desde la diversidad hacia la unidad, es estimulado en positivo o en negativo por los condicionamientos sociales y estructurales. Con esto queremos decir que, a pesar de la originalidad de cada persona, las reacciones de la misma no son independientes del ambiente grupal que la rodea y de las estructuras sociales o eclesiales en las que vive.

Las estructuras tienden a justificarse por ellas mismas y con frecuencia prescinden del bien de las personas al servicio de las cuales existen. Hay estructuras abstractas que viven a nivel teórico. Este tipo de estructuras segregan muchos papeles y anticipaciones de modelos de futuro, acertadas o no, pero que no ayudan a avanzar a partir del presente y de la situación vivida.

Otras estructuras responden a intereses particulares. Son las estructuras que se construyen en función del mantenimiento del poder establecido, sea económico o ideológico. En definitiva, son estructuras partidistas que intentan mantener el poder o luchar contra él para hacerse con el mismo. Generalmente los intereses particulares se ilustran con una proclamación de servicio al bien común. En el fondo son estructuras que parten de la base de que los otros no están preparados para participar en la gestión comunitaria. Este modelo estructural, que a nivel político es el camino más adecuado porque su alternativa, hoy por hoy, es la dictadura, tiene el peligro de caer en el discurso legitimador que disfraza la realidad en función de los propios intereses particulares. Este tipo de estructuras conduce a la lucha de poder. Sin embargo es mejor el modelo abstracto, porque permite la reacción comunitaria, el diálogo y la negociación.

Otro modelo estructural es el paternalista. Es una perspectiva que parte de lo concreto, que intenta trabajar al servicio de las personas sin intereses creados particulares, que elabora las decisiones con profundidad pero sin dar participación real a los miembros de la comunidad. A veces, incluso, ofrece participación, pero solamente en las decisiones periféricas que no afectan a las opciones realmente importantes. Este modelo tiene justificación en una etapa subdesarrollada de la persona. Ahora bien, cuando las personas descubren su dignidad y que son sujetos de la propia vida, el modelo paternalista es un sistema que conduce a grandes enfrentamientos que dejan mal sabor de boca a la comunidad, que se siente manipulada, y a los dirigentes de la misma que sienten ingratitud delante del compromiso que ellos han ejercido a favor de la comunidad. Creen que la gente es desagradecida porque son incapaces de comprender que lo que la gente desea es vivir la propia dignidad y experimentarse como sujetos de la vida.

Cuando uno ha experimentado la inutilidad de la abstracción, la agresividad del modelo partidista, o el malestar del modelo paternalista, tiene el peligro de pensar que lo mejor es vivir sin estructuras. Esta postura tiene un aspecto muy positivo que es la relativización de las estructuras o instituciones sociales y eclesiales, en función de la dignidad de la persona y del proyecto de Jesucristo sobre la Iglesia. Sin embargo, esta postura tiene el peligro de la disolución y de la frialdad. Las estructuras, cuando están al servicio de la vida, no solamente no son un obstáculo sino que favorecen el desarrollo de la comunidad, estimulan las capacidades de las personas y los grupos intermedios y, en definitiva, canalizan la energía positiva. Por esto, la pretensión de vivir sin ningún tipo de estructuras, al principio simplifica el problema de la comunión, pero a la larga conduce al aislamiento, a la frialdad hacia los demás, a la disolución de los cauces de diálogo y negociación y en última instancia a la inseguridad y a la angustia.

Esta etapa de crisis total respecto de la valoración de las estructuras comunitarias corresponde a la etapa psicológica personal de la ruptura. Después de una etapa dependiente de la abstracción, la lucha partidista y el paternalismo, en el proceso general, es comprensible la reacción que acabamos de describir. Responde a la necesidad de cambiar de dinámica y buscar unos nuevos caminos de cooperación positiva. Por ello podemos decir que no nos debemos alarmar cuando se produce esta reacción como cuando el adolescente se afirma a sí mismo negando todo tipo de autoridad. Este paso es totalmente necesario para llegar a la adultez en las relaciones institucionales. Dependerá de la reacción de la autoridad la duración de la crisis, la evolución de la misma, y el inicio de un camino de superación.

A la etapa de dependencia o independencia estructural, cuando se produce una maduración en las relaciones colectivas, le sigue el modelo estructural de la cooperación. En este modelo no se niega la autoridad social como tampoco la eclesial querida por Jesucristo, sino que la resitúa y comprende en una perspectiva de fraternidad y adultez. La persona deja de ser tratada mecánicamente o como un objeto y actúa como sujeto de la propia vida, autónomo hacia dentro y solidario hacia los demás. Esta postura tiene repercusiones positivas no solamente para la comunidad en general sino también para el gozo de los que ejercen la autoridad al experimentar la solidaridad comunitaria en el ejercicio de su responsabilidad.

El modelo estructural de la cooperación se edifica sobre dos pilares y supone un gran esfuerzo para recorrer el camino que conduce del aislamiento competitivo a la solidaridad. Este camino ha de ser recorrido por las personas en su originalidad, ha de crear un ambiente adecuado y se ha de ir plasmando en unas concreciones comunitarias.

El primer pilar del proceso es la situación de las personas. Aunque parezca que no tienen un peso específico importante, con mucha frecuencia las actitudes personales son las que generan los elementos clave de cara al clima colectivo. A veces un cambio personal produce transformaciones radicales a nivel comunitario. Por una parte, el desarrollo de la autonomía personal contribuye a la desintoxicación del ambiente y al crecimiento de la creatividad. Las actitudes patológicas, por el contrario, contribuyen al deterioro de las interrelaciones personales y, por consiguiente, a las colectivas. En este sentido todos podemos desplegar una gran actividad de cara a contribuir al modelo de cooperación. En primer lugar realizando la experiencia del desarrollo de la propia autonomía y la gratuidad. En segundo lugar compartiendo la búsqueda de los caminos con los otros que han decidido ponerse en marcha. En definitiva, aprendiendo este arte dan difícil a partir de la práctica de cada día, es decir, de los aciertos y de los fracasos.

El segundo pilar del proceso es la dinámica grupal que generamos. Hacia fuera del grupo hay que ir avanzando en un diálogo adulto con la sociedad y la cultura, con una actitud abierta a todo lo humano, con una actitud crítica desde la perspectiva del evangelio eclesial, y con una actitud activa a través del compromiso concreto que es la manifestación de la fe/caridad.

El diálogo con la sociedad y la cultura, y en la comunidad eclesial de una manera especial, la dinámica externa vienen condicionados por la dinámica interna. Podríamos destacar diferentes aspectos de la dinámica interna de las pequeñas comunidades o grupos más amplios, pero de cara al modelo estructural de cooperación queremos subrayar la importancia del clima interior del grupo o colectivo, la participación, la comunicación y los roles diversos, especialmente el de los líderes.

El clima de los grupos organizados, tanto en el grupo cotidiano de la comunidad como en las tendencias de los dirigentes y las diversas agrupaciones de los mismos, marca profundamente el proceso dinámico del colectivo y se incrusta en las estructuras generales. Hay climas triunfalistas que anticipan grandes frustraciones, climas derrotistas que paralizan la vida, climas fríos que bloquean las posibilidades de las personas y son la fuente de muchas patologías, climas de complejo de persecución que fabrican enemigos donde no los hay, climas redentores que conducen a superioridades falsas, climas abstractos que sitúan la vida en la irrealidad, etc. Es importante ser conscientes del clima comunitario en el que nos movemos y darnos cuenta de las repercusiones posteriores en los hechos y los acontecimientos.

La participación es la primera respuesta positiva de cara a la promoción de una estructura de cooperación. El pequeño grupo o la colectividad intermedia puede ser un laboratorio de cooperación o bien de lucha de poder, de infravaloración del otro o de paternalismos. Si en la dinámica interna se parte de la base y de la práctica de que nadie sirve para todo pero todos servimos para algo, estamos preparando personas y las equipamos con una experiencia para la cooperación más amplia. No es lo mismo la participación real en los grupos o colectivos que la cooperación estructural, pero esta segunda es imposible sin personas que han tenido la oportunidad de vivir la primera, que la han interiorizado y que la han incorporado conscientemente a su actuar.

La comunicación es el caldo de cultivo de la madurez de la humanidad. Cuando hemos cubierto las necesidades primarias biológicas, en gran medida marcamos nuestra dirección existencial en función de la comunicación. La comunicación en profundidad nos da seguridad, afecto, consideración, vitaliza en nosotros la conciencia de que somos sujetos de la vida, y nos identifica con el grupo al que pertenecemos. Cuando tenemos cubierta esta necesidad no tenemos urgencia de proyectar su carencia en los otros ambientes en los que nos movemos. Es la dinámica interna del grupo la que puede dar una respuesta vital a la necesidad de comunicación.

Los roles o diferentes papeles que se representan en los grupos, y especialmente el de los líderes, tienen una importancia notable de cara a la dinámica resultanto del grupo o colectivo. Aquí hay que destacar el peso específico, en positivo o en negativo, de los mismos. Una orientación positiva es el resultado de la armonía interna de las personas que ejercen un liderazgo, de su discreción, de su compromiso autónomo y solidario, de la participación y de la comunicación.

Con estos dos pilares, la situación de las personas y la dinámica de grupo se puede ir recorriendo el camino desde el aislamiento y la confrontación a la cooperación y la unidad. Este esfuerzo realizado en los grupos intermedios es muy beneficioso para la dinámica general y la plasmación de la misma en las estructuras.

El modelo estructural de cooperación es el que, salvando la riqueza de la diversidad, conduce hacia la comunión y la unidad. Es entonces cuando descubrimos que las adversidades no son ni una amenaza ni un obstáculo a la comunión. Por el contrario, con estas condiciones, la diversidad es la condición de posibilidad de la comunión. Cada uno aporta sus capacidades al conjunto y, al mismo tiempo, recibe la complementariedad de los otros con la que se enriquece en su propia originalidad.

El camino antropológico ha de ser recorrido y no se puede eludir con el pretexto de idealismo separado de la realidad. Muchas veces se intenta eludir y sus consecuencias se hacen sentir por los resultados que se deducen. El objetivo final del proceso es superar el miedo a la libertad y construir las bases psicológicas, sociales y estructurales para el desarrollo de la autonomía solidaria.

La gran pregunta en este momento del análisis es *¿quién da los primeros pasos?* La respuesta es que cada persona, cada grupo, cada colectivo y los dirigentes, simultáneamente, están llamados a vivir la experiencia del proceso hacia la madurez. Podemos decir que el primer beneficiado es el que recorre el camino, puesto que consigue su propia liberación personal y la de su entorno más cercano o estructural. Cuando el pueblo se mueve, los dirigentes no pueden prescindir de él, y cuando los dirigentes se comprometen en la línea de la cooperación son reafirmados en su autoridad genuina y necesaria.

II.— *El camino espiritual*

El camino antropológico es un planteamiento general que corresponde al proceso global que hay que recorrer desde la confrontación hasta la cooperación. Cuando miramos el proceso desde la profundidad, vemos que el paso del aislamiento y la confrontación a la comunión es una transformación interior y espiritual. Cuando ponemos el calificativo de espiritual no nos referimos a una dimensión de la vida sino a la profundidad del ser, es decir, a las raíces más profundas de la existencia en las que tomamos las grandes decisiones de la vida.

En una primera etapa de la vida creemos que el sentido de la existencia se puede conseguir mediante una autoafirmación personal que prescinde de la unidad profunda de todo lo que existe. Es la etapa en la que nos movemos a nivel de lo superficial. No nos damos cuenta de que lo que creemos que es autoafirmación, con frecuencia, es un dar vueltas a prejuicios, complejos, regresiones, fijaciones infantiles o del pasado, manipulaciones, clasificaciones primarias, programaciones artificiales, etc. En esta etapa creemos que buscamos el bien personal y el bien común, cuando lo que hacemos es dar vueltas sobre nosotros mismos. El resultado es el fracaso, a causa de la superficialidad y el individualismo con el que nos planteamos la realidad en la que todo converge.

En esta etapa es importante identificar los sentimientos profundos desde el silencio y la oración para que podamos mirar a las cosas con luminosidad y sin filtros, y tratar de objetivar las conclusiones a las que llegamos. A esto puede ayudar el compartir con los otros, su propio proceso a través del diálogo, la capacidad de escucha, tomando una postura de respeto, autonomía y cooperación. Este diálogo ha de ser realizado de igual a igual, sin presuponer resultados ni estableciendo una lucha de poder.

Si es posible, llegaremos a pequeños acuerdos concretos, flexibles y provisionales, con realismo y sencillez. Si no es posible llegar a acuerdos, daremos tiempo al tiempo y seguiremos caminando en el diálogo y la interpelación mutuas. La flexibilidad y la tolerancia no se oponen a la constancia, permanencia y capacidad de resistencia a la frustración.

Cuando nos damos cuenta de que la autoafirmación personal o colectiva no son posibles prescindiendo de todo lo que existe, descubrimos que la unidad y comunión presuponen la liberación de todas las capas que impiden la manifestación del ser en su profundidad. Estas capas superficiales bloquean el vivir en positivo. Señalemos algunas de las más importantes por las repercusiones que tienen en la posibilidad de llegar a ser nosotros mismos.

Una superestructura que nos bloquea es la de los prejuicios. Tenemos tendencia a reproducir acríticamente muchos elementos que hemos recibido y que nos impiden ver la realidad genuina. Todos tenemos prejuicios. Es mejor saberlo. Lo peor que nos puede suceder es creer que los tenemos superados porque, en este caso, siguen actuando sin que nos demos cuenta y nos producen un daño inmenso. Liberarnos de los prejuicios es un trabajo duro pero que nos permitirá ver las cosas con más transparencia. Nos resistimos a liberarnos de los clisés de los prejuicios porque de entrada nos simplifican la realidad. En la medida que nos vamos liberando adquirimos la posibilidad de entrar en un proceso de aprendizaje permanente y muy productivo.

Otra superestructura que nos bloquea son las fijaciones. Cuando hemos tenido experiencias positivas o negativas tenemos la tendencia a creer que dominamos la situación en casos parecidos. Con ello nos damos cuenta de los imponderables de la vida. Esto tiene repercusiones notables en el capítulo de los resentimientos. Cuando alguien nos hirió creemos que en el futuro las cosas siempre serán así. Es difícil en estos casos darnos la posibilidad de empezar de nuevo, con una actitud crítica, por supuesto, pero con libertad. Al actuar así no nos damos cuenta de la limitación que ponemos al espíritu para volar en la libertad.

Los prejuicios ideológicos y las fijaciones en los sentimientos y vivencias nos hacen descubrir otra de las capas superficiales que nos impiden vivir en la profundidad del espíritu, el racionalismo y la abstracción. Sin darnos cuenta pasamos de lo concreto que está lleno de matices, a las generalizaciones que engloban lo inexistente en clasificaciones inútiles. Entonces vivimos en un mundo aparente que nos facilita las cosas una vez más al simplificarlas, pero que nos impide llegar a la unidad interior y a la armonía con todo.

Todas estas capas superficiales se pueden reducir a la pretensión de la egolatría o adoración del propio yo. Esta pretensión da el poder de nuestra vida a una superestructura ilusoria que actúa como un tirano de nuestra libertad. Muchas veces seguimos aceptando pautas de comportamiento por fidelidad a esta tiranía que no viene de fuera sino que surge de las capas superficiales de nuestra configuración espiritual. El resultado es la incapacidad de evolucionar desde donde estamos hacia donde queremos ir. Hemos hipotecado nuestra libertad en aras de la egolatría.

Esta denuncia de la egolatría no hay que confundirla con la capacidad de tener una visión positiva de la propia vida. Antes bien, una autoestima positiva de la persona que llevamos dentro es la condición de posibilidad de la liberación de la egolatría que pretende hacer de uno mismo el centro del mundo. Cuando uno está a gusto consigo mismo no necesita el centro de las cosas.

Esta liberación espiritual de la egolatría, mediante el autoconocimiento, la autocrítica y la autoimagen positiva es un reencuentro con la realidad genuina que permite la emergencia de los valores auténticos y el salir del *impasse* individualista hacia la comunión.

La liberación a la que nos referimos exige un alto precio que no es otro que la pobreza exterior o interior. La pobreza exterior exige la renuncia a poseer el dinero, el poder y el prestigio. La pobreza interior exige la renuncia a poseerse a sí mismo mediante la liberación de los prejuicios intelectuales, las fijaciones afectivas y las abstracciones racionalistas.

Entrar en este camino y permanecer en él es el proceso clave hacia la comunión. Solamente después de haber experimentado en el propio interior personal o grupal la liberación de los impedimentos para la comunión estamos en condiciones de avanzar hacia una transformación de la realidad social o eclesial. Es en este desierto, en el que muy pocos se deciden a entrar, donde se aprende a vivir el presente, a mirar y escuchar desde la profundidad, donde se superan los bloqueos personales, grupales y ambientales, donde se eliminan los condicionamientos que impiden la comunión.

La comunión entonces emerge como una realidad desde dentro, como una liberación de las raíces profundas del ser, como un estado de armonía, fraternidad, totalidad y vida divina.

El camino espiritual no es un camino rectilíneo que procede por etapas lógicas y bien articuladas. Más bien es un itinerario abierto a lo espontáneo, a lo imprevisible y a lo intuitivo. Pasa por muchas crisis de crecimiento y, después de mucho trabajo y esfuerzo personal, acaba siendo un don de Dios. No lo consigue el que quiere. No se consigue sin esfuerzo, pero no es el resultado del esfuerzo.

Hay que disponerse a recibir el don mediante el trabajo personal y grupal de liberación de las estructuras superficiales alienantes de la persona, pero hay que disponerse también a desarrollar la capacidad de recibir mediante la eliminación de obstáculos y la potenciación de la receptividad y la transparencia espiritual.

Generalmente el camino psicológico-social es aceptado con facilidad, porque pertenece más al terreno de lo inmediato y observable. Este camino espiritual hacia la comunión, sin embargo, puede generar un doble tipo de resistencia. Veamos un poco cómo actúa esta doble resistencia en los modelos de comportamiento habituales.

Unos lo acusarán de abstracción de la realidad. Esta acusación de idealismo puede venir de los que piensan que es el camino del debate y la confrontación de lo que hace avanzar. Pensamos que los espacios de debate en la autenticidad son muy necesarios y que deben fomentarse foros de diálogo y dilucidación de los conflictos. Sin embargo con mucha frecuencia estos espacios estructurales tan necesarios acaban siendo inútiles, porque no se produce la comunicación real que, más que verbal, se realiza en la profundidad.

Otros pueden acusar este camino de etéreo y que no respeta la institución. La pretensión de objetividad que tienen los que manifiestan esta objeción puede ser que no haya pasado por la autocrítica de la egolatría personal y grupal. A veces puede ser que confundan la búsqueda de la objetividad con las proyecciones personales o grupales.

En la historia de los caminos hacia la comunión han tenido siempre un peso específico importante los espirituales, en lo que mira a esta perspectiva de la liberación hacia la profundidad. En el pasado basta recordar la importancia de Santa Teresa o San Juan de la Cruz, el frescor gozoso de San Francisco de Asís o, en nuestros días, la jovialidad añeja del papa Juan XXIII, para mostrar la realidad de esta afirmación. Si nos concentramos cada uno en la experiencia que hemos vivido de cerca en nuestras comunidades de referencia, veremos también que, más que los ilustres, son los sencillos los verdaderos transmisores de la fe y la comunión.

En el momento presente no será posible caminar hacia la comunión desde la diversidad, con realismo y profundidad, prescindiendo de este itinerario espiritual. Con él, sin embargo, irán emergiendo modelos de referencia suficientes para el bien común. Es aquí también donde la iniciativa personal y grupal tienen una palabra que decir y un largo camino que recorrer.

La liberación de la egolatría no es posible en sí misma sin un objetivo superior. No renunciamos a nada, si no es para conseguir unos valores superiores. Este principio actúa siempre en nuestros comportamientos diarios. Lo que pasa es que aquello que es un valor para uno no lo es para otro. Todo depende del grado de conciencia crítica y desarrollo de la capacidad estética, afectiva, intelectual, humanística y, en definitiva, global de la persona y su entorno.

La liberación de la egolatría supone una apertura real a lo trascendente. Cuando nos abrimos realmente a Dios y a su providencia, podemos dejar de poner en el centro de todo a la propia persona sin perder absolutamente nada. Todo lo contrario. Cuando ponemos en el centro de nuestra existencia al Dios de la Vida, se acaban los problemas de lucha de poder, de competitividad, de afán de prestigio, y de la hipoteca del querer quedar bien o ver como contradictorio aquello que en realidad es distinto y complementario. De hecho, cuando emerge en el horizonte de nuestra existencia el amor de Dios y los destellos deslumbrantes de su providencia, no cabe otra respuesta que la humildad como apertura a la verdad, confianza como apertura a la esperanza, y gozo como apertura al amor.

Esta apertura a la trascendencia que nos invita a pasar de la egolatría a la ortolatría es un paso trascendental y profundamente liberador de nuestra existencia. En el universo de la fe siempre se ha considerado la ortodoxia, o profesión de la recta verdad, como fundamental para la vitalidad de la fe. En las últimas décadas se ha añadido a la importancia de la ortodoxia la absoluta necesidad de la ortopraxis como verificación de la fe profesada en la práctica vivida. En el momento presente nos vamos dando cuenta de que hay que añadir a la ortodoxia y a la ortopraxis, la urgencia de la ortolatría o adoración verdadera del Dios de la Vida. El camino espiritual que acabamos de describir, en el fondo de sí mismo, no es otra cosa que la apertura a la ortolatría, es decir, al amor genuino y entrañable de Dios.

Por este bien superior es posible abandonar la egolatría como bloqueo radical de la apertura a la comunión. Al poner en el centro de la vida y los acontecimientos una instancia crítica de todos, es posible el deshielo de las interrelaciones humanas y el buscar lo que nos une por encima de lo que nos separa. Presupone la maduración antropológica pero no se puede confundir con la misma. Es un paso más.

A nivel mundial hay signos de esta apertura espiritual que vienen de la conciencia colectiva de las grandes religiones, de las grandes corrientes pacifistas, ecológicas, humanísticas, que van acercando las posiciones al diálogo en la verdad. También en el interior de la Iglesia van oyéndose voces que invitan a la comunión en la justicia, en la verdad, en el amor y la libertad. Hoy por hoy estas posiciones todavía son acalladas por las posiciones más endurecidas, pero es previsible que en un futuro inmediato sean un rumor más fuerte y, quizás más adelante, un clamor del pueblo. Por otro camino se nos avecinan tiempos muy difíciles.

III.— *El camino evangélico*

El camino antropológico y el espiritual encuentran en el camino evangélico la culminación de la esperanza de la comunión en medio de la conflictividad y a través del respeto a todas las diversidades que enriquecen la existencia humana.

El evangelio es la *«roca sobre la que es posible edificar la autonomía solidaria»* (Mt 7, 24) y liberarnos de la egolatría. Realiza este cometido ofreciendo un bien superior al individualismo, el consumismo, la lucha de poder y a la descalificación del otro. Este bien superior es el amor de Dios manifestado en Jesucristo y que nos ha sido dado por el Espíritu. Esta realidad del amor de Dios nos invita al seguimiento de Jesucristo y a dejarnos llevar por el Espíritu. El seguimiento de Jesucristo y la fidelidad al Espíritu tienen en su interior la fuerza para erradicar las causas profundas de la conflictividad (la egolatría y la injusticia), y regenerar en el corazón de la historia gérmenes de comunión en la diversidad.

El camino de la regeneración evangélica pasa por las bienaventuranzas y, especialmente por la pobreza, el discernimiento y la autenticidad que brotan del acontecimiento evangélico. El camino evangélico implica el seguimiento de Jesucristo y la revitalización de la conciencia de formar parte del Pueblo de Dios y del Cuerpo místico de Jesucristo para ser Sacramento de la Salvación en la misión evangelizadora.

El seguimiento de Jesucristo es un proceso que dura toda la vida. Parte una y otra vez de la realidad por pobre y limitada que sea (Mt 17, 11-21) y va descubriendo el camino básico hacia la fraternidad (Mt 10, 39). Este seguimiento de Jesucristo encarnado, muerto y resucitado, conduce a la conversión, entendida como transformación interior, del ambiente y de las estructuras.

La toma de conciencia de formar parte del Pueblo de Dios y del Cuerpo místico de Cristo (1 Co 1 y 13) conduce a un redescubrimiento global de la eclesialidad como articulación comunitaria alrededor de la Eucaristía, como Memoria y Esperanza de Jesús, mediante una configuración de Comunión y Misión, entre las personas y desde los pobres.

** Conversión personal, grupal, estructural*

El corazón del Evangelio es el amor de Dios manifestado en Cristo Jesús, Señor nuestro (Rm 8,39). Este amor de Dios es absolutamente gratuito, en el sentido que nos ha sido dado gratis y sin ningún mérito por parte nuestra, y es la clave de la regeneración de la historia colectiva de la humanidad. Es decir, la humanidad solamente tiene salida para su supervivencia y sus problemas, si aprende a amar. Las otras terapias sociales se limitan a aplazar los problemas a fondo y a poner paños calientes. El amor de Dios manifestado en Cristo anticipa un horizonte de esperanza para todos (irrupción del Reino de Dios y propone un camino hacia esta esperanza cierta (correlación sacramental del Reino de Dios en la eclesialidad). Por tanto, el Evangelio no es una filosofía que intenta explicar el mundo, ni es una psicología que intenta dilucidar los comportamientos humanos, ni es una estrategia para la transformación de la sociedad desde la lógica del poder, sino que es una llamada a la "conversión".

La palabra "conversión" es típica del lenguaje de la fe. No puede ser entendida en plenitud desde fuera de la experiencia de la fe como pasa con todas las palabras que quieren expresar experiencias profundas humanas. A veces, con el tiempo, estas palabras básicas se devalúan y se siguen usando carentes de sentido o vacías de experiencia. Esto ha podido pasar también con la palabra conversión. Se ha vaciado de significado evangélico y se ha usado en un sentido abstracto y moralista. La reacción de muchos frente a esta devaluación ha sido el rechazo, no solamente de la palabra devaluada, sino también de la experiencia genuina que expresaba en su perspectiva más original evangélica.

Conversión significa aprender a amar como Cristo ha amado. Esto implica una transformación profunda de la manera de pensar, sentir y actuar. A nivel mental supone amar al otro no por lo que hace y no hace sino por él mismo, por su dignidad y por la imagen de Dios que hay en él. Esto sin barreras ni límites en el tiempo y en el espacio. Es como Dios nos ha amado. A nivel de sentimientos supone una maduración en la perspectiva de la complementariedad en las interrelaciones afectivas, superando sentimientos falsos o inauténticos y generando sentimientos genuinos como el afecto, la confianza, la apertura serena, la alegría, etc. A nivel de acción supone una práctica de apertura real al otro desde el otro para llegar a ser un nosotros solidario. Con esta práctica el que ama no pierde nada sino que incluso sale beneficiado en sus necesidades afectivas reales.

La palabra amor también ha sufrido una devaluación. A veces se la reduce a una relación física, otras, a una vivencia psicológica, pero que depende de factores casuales, coyunturales y siempro pasajeros. Muy pocas veces en el lenguaje ordinario se usa la palabra en una perspectiva más allá de este horizonte fenomenológico provisional. Sin embargo, también existe a nivel de experiencia una práctica del amor que es una opción definitoria y definitiva desde lo más profundo del propio ser hacia la vida que brota en el interior de uno mismo, que se manifiesta en el otro y los otros como comunidad y en Dios como la Fuente, el Fundamento y el Horizonte del amor. El Nuevo Testamento en este sentido es radical, *«Dios es amor»* (1 Jn 4,8) y *«quien no ama no conoce a Dios»*.

Conversión, pues, significa aprender a amar como Cristo. Solamente este amor es creíble. A pesar de vivirlo en medio de la contradicción y el pecado, solamente podemos hablar realmente de cristianismo, cuando ha habido una opción para vivir así. Si renunciamos a este talante espiritual y existencial, hemos renunciado al cristianismo. Cuando intentamos vivirlo, aunque sea en medio de grandes limitaciones, estamos en el buen camino.

La conversión es una transformación interior —fundamentalmente personal— que tiene una repercusión radical en el cambio de los grupos y las estructuras. A su vez, el cambio de los grupos y las estructuras facilita la transformación interior de las personas. Es una relación dialéctica la que se da entre ambas perspectivas. Esta transformación interior no es el resultado de un proceso lógico y racional, sino una iluminación interior que globaliza la visión de la existencia y modifica los puntos de referencia existenciales. Es el resultado de percibir los hechos y los acontecimientos de una manera nueva y de reaccionar frente a los mismos con un corazón nuevo. Es un *«nuevo nacimiento»* (Jn 3,3).

Este nuevo nacimiento se produce cuando vencemos el miedo (*«en el amor no hay temor»,* 1 Jn 4,18) a través de la autodonación a los otros como Cristo *«que nos ha amado primero»* (Jn 4,19). Esta superación del miedo transforma la búsqueda de eficacia en una autoconstrucción existencial en la fidelidad.

Desde ahí se comprende fácilmente la llamada evangélica a amar a los enemigos (Lc 6, 27 ss.). La razón está en que desde las coordenadas evangélicas desaparece la condición de enemigo. El amor no es la respuesta a un estímulo externo positivo o a una situación interior psicológica coyuntural, sino una opción que brota del ser. Esta opción es definitoria y definitiva.

El camino antropológico y el camino espiritual se unifican en el camino evangélico. Este camino evangélico es la conversión.

La conversión personal hace a la persona "vulnerable", es decir capaz de escuchar al otro, de recibir del mismo, de dar una nueva oportunidad a su perspectiva, de implicarse activamente, de compartir y mirar hacia adelante en una misma dirección. Por otro lado cuando inevitablemente venga una confrontación, las diferencias de ideas y programas no conducirán a la descalificación del otro. El diálogo será posible.

La conversión personal hace también "vulnerable" a su grupo, es decir, introduce en la dinámica interna un elemento crítico o interpelante que invita a pensar en las razones de los que piensan distinto. Precisamente uno de los signos que acreditan la calidad de un grupo es la capacidad de aceptar la autocrítica. Cuando un grupo transforma en sentimiento de persecución el hecho que los otros piensen distinto o interpelen sus actuaciones, podemos decir que está en una situación patológica grave. La conversión ayuda a superar este tipo de patologías agresivas con los otros y autodestructoras para el propio grupo.

La conversión, finalmente, también hace *vulnerables* las estructuras. Las estructuras, aunque tienden a justificarse por sí mismas y tienden a reproducirse por inercia, no escapan a la crítica de las personas y los grupos intermedios. La vulnerabilidad de las estructuras viene, o bien por la presión del ambiente creado por el pueblo, o bien por la presencia en la misma de personas y grupos disfuncionales. Es en esta perspectiva donde la conversión introduce elementos de cambio en el corazón de las estructuras sociales y comunitarias.

Esta vulnerabilidad a la que nos referimos es siempre positiva. Hay una vulnerabilidad que es sinónimo de debilidad y emerge cuando no hay claridad direccional en los comportamientos ni conciencia frente a los mismos. Sin embargo, hay otra vulnerabilidad que es el fruto de la fortaleza interior y que acepta la interpelación como una llamada positiva y una posibilidad de crecimiento. En este caso es sinónimo de realismo, flexibilidad, tolerancia, apertura, fortaleza, es decir, sinónimo de vitalidad y esperanza.

La conversión permite ver la fraternidad más allá de la diversidad. Esta fraternidad hace pasar de la egolatría y la utilización del otro, a una autonomía personal en la que el otro es importante para mí, digno de ser amado por sí mismo y, en la perspectiva del Cuerpo místico de Cristo, parte de uno mismo (1 Co 12 y 13).

* *Algunos elementos del camino evangélico*

La conversión evangélica se traduco en muchas actitudes frente a lo concreto y lo convivencial. No son actitudes solemnes y elitistas, sino manifestaciones del nuevo ser interior. Conducen a una renovación de lo cotidiano, de lo concreto y de la convivencialidad real.

Todo el evangelio es un álbum de situaciones del nuevo ser interior hecho según la novedad del Reino de Dios. Las situaciones reales, los personajes variados, las problemáticas vividas, las espectativas y las necesidades tienen traducción real en el contexto presente vivido.

Hay un doble movimiento a recorrer. Desde los evangelios hacia la vida de cada día y desde la vida de cada día hacia los evangelios. En este doble movimiento se realiza el crecimiento y la maduración de la fe.

Cuando vamos del evangelio a la vida, nos ofrece muchas pistas concretas para renovar la comunión en medio del conflicto. Sin afán de ofrecer todas las pistas, vamos a señalar algunas a título de ejemplo.

Tomemos por ejemplo el Evangelio de Lucas. El autor describe la vida de Jesús como un camino, modelo de identificación del cristiano de todos los tiempos. El camino de Jesús es un camino hacia Jerusalén donde, del fracaso de la cruz, brotará un camino nuevo que inician los discípulos de Emaús (Lc 24, 13 ss.) y los apóstoles (Hechos) y que ha llegado hasta nuestra generación en este final de siglo X, y continuará hasta el final de los tiempos.

El camino de Jesús —según el Evangelio de Lucas— no disimula la verdad (4, 16 ss.; 6, 20 ss.), ama a los enemigos (6, 27 ss.), acepta la crítica (7, 31 ss.), no tiene mentalidad posesiva (8, 39), edifica la comunión en la misión (9, 1-6; 10,1 ss.), cultiva la sencillez de corazón (9,46), pone la persona por encima de todo (10, 25), no hace bajar *"fuego del cielo"* (9, 54), invita a mantener una vida de oración para cambiar cada uno por dentro (11, 13), acepta algunas polémicas sin superficialidad ni agresividad (11, 37 ss.), busca lo que une por encima de lo que separa (comparar Lc 9, 49-5 o con Mc 9, 37-40), es un camino realista y que pisa tierra (21,20), se edifica en la plena confianza en Dios (17,5-6), estimula el discernimiento (16, 19 ss.; 17, 20), se realiza en la pobreza (18, 24 ss.), no vive de grandezas (13,18) sino de humildad (13,11; 18, 9 ss.; 22, 24-27), es paciente y al mismo tiempo interpelador (13, 6 ss.), rehace lo que está perdido (15, 1 ss.), aporta el propio grano de arena al bien común (19, 11 ss.; 21, 1-4), está atento y consciente (21, 34 ss.), refleja el compromiso de Dios hacia la unidad (22, 19-20), es un camino que quedará sellado por la muerte y resurrección como precio de la unidad y la comunión (22, 47 y capítulos 23 y 24).

Este camino de Jesús, a partir de la Ascensión (Lc 24,50-53) y especialmente de Pentecostés (Hechos, cp. 2 y siguientes), será el camino de la Iglesia. Es el "nuevo éxodo" de la comunidad de fe que, en medio de las dificultades de la historia tiene su modelo en Jesús de Nazaret, su fuerza en el Espíritu y su esperanza en el Reino de Dios. Realiza esta marcha dentro de la historia, entre los hombres, desde los pobres.

Cuando vamos desde la vida al Evangelio, la experiencia también nos ofrece caminos de superación. Todo el diálogo entre la fe y la justicia, entre la fe y la cultura, entre la fe y la persona humana es un campo de observación del crecimiento de la comunión en la confrontación y la diversidad. Es ciertamente un campo ambiguo y con frecuencia lleno de contradicciones. Sin embargo, podemos observar en él un proceso en espiral que parte una y otra vez de la realidad vivida, la observa, la analiza, actúa sobre ella y va produciendo un itinerario en el que todos, queramos o no, salimos modificados a partir de la constatación de los resultados.

Este proceso a veces se bloquea en el desconcierto, el individualismo, la impotencia personal o colectiva, el pragmatismo, el inmediatismo, el racionalismo abstracto, el moralismo, el positivismo acrítico, la crisis de los valores y los puntos de referencia. Cuando se produce el bloqueo crece la sensación de que no hay salida.

Sin embargo, este proceso en otros momentos abre el bloqueo hacia la esperanza a través de la escucha atenta y concentrada del otro, de la comunicación sin clisés, de la generosidad, del coraje, del valor para discernir los acontecimientos, de la personalización de la fe, de la revitalización de la esperanza, del amor a la persona, del reencuentro con Cristo de una manera cercana, comprensible y atractiva. Este desbloqueo genera procesos de reconstrucción comunitaria y lenguaje nuevo capaz de expresar la experiencia y convertirla en patrimonio comunitario.

Este proceso desde la vida es la mejor escuela de formación de las personas, grupos y comunidad. Cuando somos capaces de vivirlo, sin actitudes racionalistas ni cartesianas, sin actitudes de poder ni moralismos, conduce hacia opciones cada vez más realistas y hacia actitudes de mayor madurez, de manera que cada uno va descubriendo los propios valores y las limitaciones reales en sí mismo y en los otros. Desde ahí es posible abrir la propia actitud profunda hacia la cooperación en un primer momento y hacia el pensar juntos y el sentir solidariamente como fruto más elaborado de la cooperación a nivel del ser.

* *La opción personal*

En este momento de la reflexión podemos afirmar que el desbloqueo de nuestra apertura a la comunión pasa por una opción. También podemos afirmar que nadie puede tomar la opción por otro, sino solamente por sí mismo. Esta opción personal siempre tiene repercusiones en los otros de diversas maneras.

Esta opción no es voluntarista sino que se produce en el instante que pasamos de la superficialidad de la egolatría a la profundidad del amor. Es una iluminación interior y comunitaria.

Entre otros factores determinantes de la opción hay que subrayar la importancia del factor afectivo. El camino evangélico es profundamente iluminador para canalizar la afectividad hacia la comunión en la diversidad. La conversión evangélica es determinante para integrar de una manera positiva la resonancia que el otro (personal o grupal tiene en mí, o en el grupo que me rodea. Permite pasar del rechazo a la aceptación a pesar de pensar distinto, y esta es la base para desarrollar la vulnerabilidad positiva y la mutua admiración, en la medida que seamos capaces de buscar lo que nos une por encima de lo que nos separa.

En un primer momento la opción personal de la comunión en la diversidad pasa por el análisis de la propia situación y de la resonancia que tienen los acontecimientos y las personas en el interior de uno mismo. Se trata de prepararse para que los *«ojos puedan mirar a la realidad desde un corazón transparente».* No hay que confundir este esfuerzo con el intimismo. De lo que se trata es de objetivar al máximo y en la medida de lo posible.

Hecho esto, viene un segundo momento en el que entro en diálogo directo o a través de los acontecimientos con los otros. Este diálogo se realiza en la escucha atenta, en la interpelación, en la investigación, en el discernimiento con una postura autónoma, respetuosa y cooperativa. Solamente merece la pena cuando el diálogo es realizado de igual a igual y sin presuponer resultados ni generar juegos de poder.

En este diálogo no ha de imperar el principio "o todo o nada". Más bien se ha de iniciar un proceso de cooperación en lo posible para dar nuevos pasos posteriormente. La cooperación en lo posible se edifica sobre lo que tenemos todos en común, por muy distantes que estemos. Esta cooperación ha de ser fruto de un análisis del pluralismo y de la riqueza que comporta, hecho con sencillez, realismo y calma, dando tiempo al tiempo. Al mismo tiempo el diálogo ha de ser concreto, flexible y revisable.

Cuando los otros no quieren dialogar, la opción personal de la comunión en la diversidad ha de llevar al que la ha tomado a mantener la voluntad decidida hacia el diálogo, sin resentimientos, agresividad o condena de los otros. Hay que suponer que, válidas o no, tienen sus razones para el rechazo del diálogo. En el fondo, el rechazo del diálogo siempre es un signo de debilidad y, desde una perspectiva evangélica, esta debilidad ha de inspirar acogida y apertura paciente. Ello supone una convicción profunda, una capacidad de resistencia a la frustración y una confianza fuerte en la acción del Espíritu que, por encima de todo, actúa en el corazón de todas las personas. Esto permite volver a empezar una y otra vez.

Este diálogo activo que hemos intentado describir es el camino evangélico hacia la comunión. Se inicia en el corazón y en el yo profundo de cada uno y, en su proceso, va elaborando un tejido comunitario de solidez, cooperación y comunicación. Es la traducción evangélica de la llamada a no juzgar para no ser juzgados, no tanto por las etiquetas de los demás, que son siempre inevitables, cuanto por la propia conciencia y el propio ser.

7

SUGERENCIAS PARA CAMINAR, AHORA Y AQUÍ

Al llegar a este punto de la reflexión podemos afirmar que el realismo nos hace constatar la dificultad de vivir la vocación cristiana a la comunión en un contexto de división, pero la fe nos hace proclamar que la comunión es irrenunciable. Por tanto, viviremos inevitablemente esta tensión entre la realidad y la llamada evangélica. La gran cuestión es cómo vivir esta tensión en la vida de cada día de una manera positiva y creadora. Lo primero que hay que afirmar es que no hay recetas generales que puedan aplicarse en todas las situaciones. Después del análisis realizado no hace falta justificar esta afirmación. La diversidad, la complejidad y la mutación no permiten esperar soluciones mágicas. Este descubrimiento parece innecesario, pero muchos de los bloqueos vienen de no haberlo hecho con claridad.

No hay recetas generales, pero sí hay una manera de caminar, de hacer y de sentir, que abre un dinamismo positivo hacia la unidad. Este dinamismo implica trabajo o imaginación. La imaginación ofrece intuiciones generadoras de vida esperanzada, el trabajo traduce la intuición en operatividad y apertura al futuro. Ambas —trabajo o imaginación— presuponen la esperanza que brota de la fe, que lo espera todo de todos, y todo del don del Espíritu que nos ofrece sus dones (Gal 5,22-25).

Entre los elementos que configuran este caminar o talante generador de comunión en la diversidad podemos señalar los siguientes:

I.— *Necesidad de partir de la realidad y "mirada de frente"*

La primera condición para solucionar un problema es saber que existo y conocerlo en toda su realidad. Por ello, cuando descubrimos el problema de la división y las consecuencias del mismo tomamos conciencia de las dificultades que nos plantea, pero al mismo tiempo de la urgencia de dar respuesta a los desafíos del mismo.

Al descubrimiento del problema en toda su crudeza debe seguir un análisis de las causas personales, ambientales y estructurales que explican su génesis y su dinámica interna. Cuando éste no se hace, los problemas ahogan. Sin embargo, cuando se realiza este análisis estamos ya iniciando un camino positivo y abierto.

Toda crisis lleva dentro la solución de la misma, cuando pasamos de vivirla en negativo (lamentación, fuga, angustia...) a plantearla de manera positiva, es decir, aceptando los retos o provocaciones que toda crisis sugiere de una manera apremiante. Vivida así, la crisis se convierte en maestra del proceso de maduración.

Como es evidente, no solamente hay que conocer la crisis, sino "mirarla de frente", es decir, observarla en todos sus detalles, en su multidimensionalidad, en su complejidad, en sus diferentes perspectivas, en los puntos de apertura y de cerrazón a la mutación y al cambio, en sus dimensiones culturales, antropológicas, psicológicas, sociales, teológicas, espirituales.

Hay varias actitudes que impiden mirar de frente a las situaciones. Las actitudes estáticas y fixistas, el miedo, el rebuscamiento y la tristeza producen bloqueos a este aprendizaje desde la realidad. La superación del miedo a pensar mediante el conocimiento y el análisis, del miedo a amar mediante la comunicación, y del miedo a vivir mediante la intimidad en el propio ser interior, permiten salir del rebuscamiento y la tristeza y abrir un nuevo dinamismo que trasciende lo estático en lo vital, lo superficial en lo profundo, lo marginal en lo nuclear, la ruptura en el diálogo, lo relativista en lo trascendente, lo escéptico en lo esperanzado.

Este conocimiento del problema, acompañado del "mirarlo de frente" es el primer paso para caminar. La ignorancia, el análisis ingenuo o fatalista nunca han abierto caminos. Solamente el análisis crítico ofrece salidas a los problemas, cuando los problemas tienen solución. En el peor de los casos evita malgastar las energías en soluciones aparentes e inútiles.

Hay que pasar, pues, de la fuga del problema a la conciencia del mismo, de la conciencia del mismo al análisis, del análisis al diagnóstico, del diagnóstico pastoral a las actuaciones pertinentes, y de la evaluación de dichas actuaciones a un análisis más profundo, a un diagnóstico más evangélico y a una actuación más decidida.

II.— *Asumir la propia autonomía personal*

Cada uno de nosotros es sujeto de su propia vida. Esta capacidad está condicionada, pero, a pesar de todo, siempre queda un espacio y un reducto para el protagonismo personal. Cuando se cierran unas puertas se abren otras, especialmente en el mundo del espíritu. A la larga "todo es gracia".

Este principio de vida cristiana es aplicable en todo su peso al tema de la comunión y el conflicto. Cada persona, en el espacio que vive, en lo que dependa de ella, está llamada a ser "artesana de la paz" (Mt 5,9). Para poder realizar este cometido hemos de ir asumiendo nuestra propia autonomía personal. Solamente cuando vamos haciendo en el propio interior la experiencia de construir la armonía, la identidad y la paz estamos en condiciones de llegar a ser "artesanos de la paz". La razón es muy sencilla, nadie da lo que no tiene y, por el contrario, cuando llevamos algo dentro emerge hacia el exterior inevitablemente.

La construcción interior de la comunión ha de exteriorizarse tomando postura personal frente a la situación comunitaria. Esta postura autónoma, una vez objetivada y realizada, produce reacciones positivas y negativas. Ambas son interesantes, porque generan pasos positivos y nuevas cuestiones provocadoras que van animando el proceso hacia la comunión en la diversidad. Estas nuevas cuestiones son muy importantes porque brotan de la experiencia vital o introducen elementos realistas personales en el proceso de generación de la comunión. Al mismo tiempo estas reacciones ayudan a crecer en la propia autonomía.

Basta poner un ejemplo muy plástico de este principio de la autonomía personal. En la historia de la Iglesia ocupan un lugar clave los santos. El elemento común de los mismos es el haber asumido, desde la propia autonomía personal, el seguimiento de Jesucristo de una manera radical. Generalmente han surgido frente a la dificultad. Allí donde unos se bloqueaban, ellos asumían el evangelio en plenitud. El conflicto comunión-división no es extraño a ninguno de ellos. Es cierto que los santos no han evitado los conflictos de la Iglesia. Sin embargo, podemos afirmar que la Iglesia, sin ellos, hubiera seguido un itinerario mucho más deteriorado.

Ha habido santos famosos —unos pocos en cada generación— y muchos hombres y mujeres que, en el anonimato total, han estado a la altura de las circunstancias en la vivencia evangélica. Todos estos testigos son un desafío a nuestra generación, dirigido a cada bautizado, que invita a la radicalidad. Cuando esto se da, el conocimiento de la realidad y la mirada de frente al conflicto se convierte en un aguijón estimulante de la maduración en la fe y de la transformación evangélica de la Iglesia.

Este es un elemento clave que invita a cada persona a plantearse el problema y sugiere compromisos personales concretos, sencillos, realizables y verificables. Supone la experiencia de la conversión tal y como la hemos descrito en el capítulo 6.

III.— *Aprendizaje de unas interrelaciones maduras*

La conversión produce el fruto de la asunción de la propia autonomía, pero también el fruto de unas nuevas relaciones. Sin embargo, históricamente llevamos un lastre muy notable de individualismo y de falta de preparación para el diálogo. Por esto no es de extrañar que, incluso teniendo buena voluntad para compartir, la falta de preparación genere unas interrelaciones poco evolucionadas y con frecuencia frustrantes.

Esta carencia histórica exige un nuevo aprendizaje en las relaciones interpersonales, grupales y comunitarias. Todo lo que conduzca, a nivel humano, hacia una nueva madurez en la comunicación prepara el terreno para la comunión.

Algunos han tomado a broma la proliferación de encuentros, reuniones, asambleas y grupos en la vida reciente de la Iglesia, o incluso han ironizado sobre los mismos diciendo que *«cuando llegue el final de los tiempos el Señor no nos encontrará unidos pero sí reunidos»*. Sin embargo, esta ironía es muy superficial, porque podríamos añadir que *«ya será mucho que nos encuentre reunidos porque, si es así, quiere decir que todavía mantendremos viva la esperanza de la unión y la comunión»*.

Después de siglos de individualismo no podemos pedir que en unas décadas toda la gente aprenda a relacionarse en la profundidad y la madurez. Es imprescindible un periodo largo de aprendizaje. En este aprendizaje abundan más los fracasos que los aciertos. Sin embargo la experiencia es la madre de la ciencia. Solamente a través de este itinerario de altibajos puede crecer la madurez.

Por tanto los pequeños grupos, los encuentros, las asambleas y las reuniones son el caldo de cultivo del aprendizaje de la comunicación. Es cierto que son la cruz de la pastoral en este final de siglo, pero son una cruz que tiene sentido porque es el precio que hay que pagar para entrar en el mundo de la comunicación en la madurez.

Por esto, toda la gente que dedica parte de su tiempo a este cometido está cooperando a mantener vivo el itinerario sin recetas hacia el mundo de la comunicación y la unidad.

Puede ayudar mucho a mantener este esfuerzo de una manera productiva el releer la encíclica "Ecclesia Suam" de Pablo VI, del 1 de Agosto de 1964. Es un documento que no ha perdido vigencia. El diálogo allí descrito, edificado en la *«claridad, la mansedumbre, la confianza y la prudencia»* (cfr.n.75), *«realiza la unión de la verdad y la caridad, de la inteligencia y el amor»* (n.76). Con ello iremos pasando de las actitudes hipopersonales e hiperpersonales a las actitudes interpersonales, de la dependencia y la independencia a la interdependencia, del autoritarismo y del pasotismo a la solidaridad, y de la frialdad y la agresividad al amor crítico y solidario.

El aprendizaje de unas interrelaciones maduras se complementa con la asunción de la propia autonomía personal. Son dos dimensiones que se fermentan mutuamente. A mayor autonomía personal, mayor capacidad de comunicación, y a mayor comunicación, mayor capacidad de ser uno mismo en la profundidad del ser. Ambas dimensiones ponen de relieve la imagen de Dios que hay impresa en la persona humana y en su ser más profundo.

Este aprendizaje es un proceso largo, paciente, con altibajos y dificultades externas o internas. Los frutos, de cara a la unidad, no son inmediatos. Sin embargo, es el campo abonado en el cual la *«semilla de la Palabra de Dios»* (Mt 13,8) puede producir frutos abundantes y duraderos.

IV.— *Necesidad de promover estructuras de diálogo para dilucidar los conflictos*

Si creemos que el Espíritu está presente en los acontecimientos de la vida, no debemos tener miedo a dilucidar los conflictos. Hay que evitar el aplazamiento indefinido del diálogo frente al conflicto, y también los "parcheos" que solucionan las cuestiones sin profundidad. Por el contrario, una convicción de fe que cree en la presencia de Dios en la vida ha de plantear los problemas con claridad y serenidad.

Cuando no se dan estructuras de diálogo para plantear y dilucidar los conflictos *«hablamos de los otros en vez de hablar con los otros»,* con lo cual la distancia cada vez es mayor y, aquello que hubiera podido solucionarse en una conversación o en un periodo corto de tiempo pasa a ser un "quiste comunitario" y, a la larga, un gran conflicto sin solución. Más que hablar de los otros hay que hablar con los otros.

Es bueno promover estructuras de diálogo para debatir los conflictos comunitarios. Estas estructuras son necesarias a todos los niveles. Incluso hay que decir que cada conflicto ha de ser debatido a su nivel. Por ejemplo, una lucha de poder a nivel de grupo pequeño ha de ser debatida a nivel del grupo. Si esto no se da, y las personas que intervienen disponen de poder de decisión a niveles más amplios, aquel pequeño problema de grupo acabará siendo un problema a nivel más amplio. Lo malo del caso es que el resto de la gente desconocerá las raíces de aquel conflicto que, con apariencia de realidad a nivel amplio, procede de unas relaciones interpersonales patológicas.

En este diálogo para dilucidar los conflictos tiene un peso muy importante la situación de las personas y su patología. Si no estamos atentos a la realidad de las personas, las palabras traicionan los mensajes reales y acabamos realizando un diálogo de sordos. Por esto, hay que estar muy atentos a los resentimientos, fijaciones, proyecciones y mensajes simbólicos para progresar realmente en el diálogo.

Sin duda tienen una gran responsabilidad de cara a promover este diálogo todos aquellos que detectan cualquier tipo de poder por pequeño que sea. Cuando no es realizado este diálogo, se estanca la situación y segrega patologías comunitarias. Aunque se han promovido estructuras nuevas de cara al diálogo comunitario, estamos todavía muy lejos de poder afirmar que vivimos una situación a la altura de las circunstancias y con carácter eficaz. Hay, pues, en este campo un espacio abierto a las iniciativas comunitarias. Primero serán experimentos, pero al ver la eficacia de los mismos se irá normalizando la existencia de estos espacios para dilucidar los conflictos. Como siempre, van rompiendo el hielo aquellos que, al haber superado el miedo, no se dejan dominar por las falsas seguridades y aceptan el riesgo de las innovaciones profundas.

V.— *Profundizar en las estructuras de diálogo para hacer pactos de comunión y cooperación*

A partir del Concilio Vaticano I, han ido emergiendo estructuras pastorales de cooperación. No hace falta aquí enumerar los nombres de las mismas en las diferentes instancias pastorales. Sin embargo, estas estructuras han pasado por una crisis y un fracaso, a veces real y a veces aparente, en su realización práctica.

Estas estructuras son absolutamente necesarias. El fracaso por el que han pasado es inevitable en un periodo de rodaje. Por esto, en el camino hacia la comunión desde la división hay que ir superando las crisis de estas estructuras a base de profundizar o ir aprendiendo de la práctica cotidiana.

En el interior de este esfuerzo comunitario hay la convicción de que Cristo nos precede por la acción del Espíritu, de que nosotros los cristianos deseamos ser especialistas en detectar esta presencia en lo pequeño y cotidiano, de que nos reunimos para contemplar, compartir, celebrar y testimoniar esta presencia.

Desde esta perspectiva teológica, estas estructuras pastorales son espacios de formación activa para la comunión y la misión. Fundamentan la memoria colectiva de Jesús, la esperanza firme en el Reino y la solidez interior para realizar un compromiso consciente y consecuente. Esta formación activa es un proceso lento de aprendizaje, pero de una gran eficacia pastoral en una perspectiva más amplia.

Estas estructuras no necesitan nuevas formulaciones teológicas porque el problema de las mismas no es la teorización, que está ya suficientemente elaborada, sino que necesitan una reflexión a partir de las realizaciones prácticas en la que podamos ir acumulando aquellos elementos operativos que hacen viable la cooperación. Estos elementos se realizan siempre por la vía del pacto o acuerdo en el que, después de un diálogo en la sinceridad y veracidad, sabemos buscar lo que nos une por encima de lo que nos separa.

Se puede profundizar en estos aspectos, utilizando los mecanismos de análisis elaborados en la teología pastoral, publicada en la Facultad de teología de Barcelona, con el título "*Compartir la alegría de la fe. Sugerencias para una Teología Pastoral.*" (Ed. **Secretariado Trinitario**. Salamanca 1988). Es especialmente en el capítulo II, de la segunda parte donde se ofrecen unas reflexiones operativas elaboradas a partir de la práctica pastoral. Puede ayudar de una manera especial la reflexión sobre las leyes de la cooperación.

La comunidad será siempre el resultado de un significado común. No es la masificación lo que hace comunidad sino el diálogo, la escucha atenta y concentrada, la cooperación, la complementariedad, la elaboración en común, la práctica compartida, la búsqueda de objetivos comunes, la opción y realización de proyectos comunes, el aprendizaje a partir de los aciertos y errores, la fidelidad, la permanencia, la constancia, la sencillez, la apertura al futuro. Todo esto prepara y predispone para la contemplación y el amor.

Hay que reaccionar con decisión contra el individualismo ancestral que, aprovechándose de las dificultades de realizar pactos de cooperación, intenta nuevamente afirmar que el camino de la renovación pastoral no pasa por estas estructuras pastorales sugeridas por la aplicación de la doctrina del Concilio Vaticano II. Toda concesión a estos intentos reduccionistas de la renovación evangélica es de consecuencias graves para el futuro de la fe. Sin embargo, hay que continuar el camino de la cooperación sin hacerse ilusiones fáciles. El aprendizaje hacia la madurez es un camino largo y lleno de obstáculos. La autonomía personal y las interrelaciones maduras son condiciones de posibilidad para permanecer en el camino. Cuando no se dan, lo normal es quemarse en el proceso.

VI.— *Convivencialidad cotidiana*

Todos los elementos anteriormente descritos quedarán en papel mojado sin la verificación en la vida cotidiana. Esta verificación pasa por la capacidad de convivencia y comunicación.

a) Un primer nivel de convivencia es la relación espontánea entro las personas. Cada uno está marcado por su entorno, pero siempre es posible la comunicación en las pequeñas cosas de cada día. A partir de esta comunicación en las relaciones primarias cada persona puede influir en su grupo y, a través de él, en las mediaciones estructurales.

b) Un segundo nivel de convivencia se da en las relaciones estructurales. Detrás de las estructuras están las personas. Es cierto que hay situaciones en las que es imposible a primera vista la comunicación. Sin embargo, por muy esclerotizada que esté una situación personal, siempre es posible el diálogo en la sinceridad y veracidad. Cuando este diálogo se da de una manera permanente y constante, y a partir de una armonía personal y grupal, por muy endurecida que esté la situación, no se puede eludir un diálogo con la realidad que, poco a poco, se va abriendo a las preguntas concretas de la vida.

c) Un tercer nivel de comunicación es la Eucaristía. Esto es el elemento central y centrador de la comunidad de fe. El presbiterio, el laicado y los religiosos nos encontramos en la Eucaristía. Por mucho que se pretendan eludir los desafíos que la Eucaristía plantea a la vida de los cristianos, no se puede escapar a la llamada constante a la conversión y a la renovación de la vida. Rezar juntos, celebrar los sacramentos juntos es una provocación permanente a la vulnerabilidad y a la renovación de las actividades vitales. La razón de esta convicción está en que la Eucaristía es el elemento permanente y actuante de la construcción de la comunidad de fe. La Eucaristía construye la comunidad y la hace viable. Lo sorprendente no es la división, puesto que responde a la condición humana y a los condicionamientos psicológicos, sociales y teológicos de la misma. Lo sorprendente es la comunión. Esta nace de la Eucaristía y se construye mediante el don de Dios y la cooperación de la persona humana. La convivencia que nace de la Eucaristía es la fuente principal de la comunión.

Desde la Eucaristía es posible un ecumenismo generalizado. Este ecumenismo generalizado pretende crear un clima en el que se pueda ir superando la *egolatría,* la *ghettolatría* y la *estructurolatría*. En el fondo estos tres obstáculos son la causa más radical de la división y los elementos más alienantes del sentido comunitario. Los tres se presentan generalmente como lo más opuesto y solamente en el contexto eucarístico es viable distinguir los elementos positivos de los negativos para generar un ecumenismo abierto.

La *egolatría,* junto al intento de manipulación de los otros, esconde la necesidad que tiene toda persona de experimentar el afecto, la consideración, la seguridad, la inclusión en el grupo, el ser sujeto de la propia vida, la comunicación. En un contexto eucarístico es posible responder a estas necesidades sin dejarse manipular. Solamente es cuestión de mantener la lucidez, el sentido crítico y la apertura al otro. Desde ahí se descubre que el centro de todo es la persona humana como imagen de Dios. Sumergirse en la Eucaristía es volverse vulnerable a esta nueva dimensión de la trascendencia que emerge ante la Palabra de Dios y ante el Sacramento de la fe.

La *ghettolatría,* junto al intento de manipulación de los otros grupos, esconde una gran pobreza, el miedo. Cuando un grupo se cierra en sí mismo, es porque siente el peligro de la inconsistencia. No entra en diálogo con los otros, porque presiente que puede salir transformado de este contacto. El miedo a compartir es una de las mayores pobrezas que puede acontecer en la vida de las personas y los grupos. Por ello, la Eucaristía es un espacio en el que esta pobreza radical no ha de ser objeto de persecución sino de terapia comunitaria. Podemos afirmar que, si somos capaces de crear este clima comunitario, aunque sea un largo proceso y no exento de grandes dificultades, es posible ir caminando hacia las condiciones de un ecumenismo generalizado. En este proceso hay que ir superando el miedo a través del análisis, la autenticidad compartida y la comunicación abierta. Hay experiencias que atestiguan esta posibilidad, no como un sueño, sino como una realidad vivida y palpable.

La *estructurolatría,* junto al intento de organizar la vida comunitaria en unas coordenadas correctas, esconde la alienación más radical porque aliena de las personas la decisión y el respeto a la vida. Las estructuras son necesarias para coordinar y canalizar la vida. En un apartado anterior hemos hablado de la necesidad de estructuras de diálogo para dilucidar los conflictos y de estructuras de cooperación para compartir la comunión y la misión. Sin embargo, estas mismas estructuras tienden a la degeneración y a la auto-complacencia y, a veces, aquello que surgió para defender la vida y la fe, acaba siendo un obstáculo para las mismas. Además las estructuras tienden a funcionar por inercia al margen de las voluntades. La Eucaristía es el elemento correctivo radical de este peligro porque, al mismo tiempo que afirma la necesidad de las instituciones básicas de la fe como son la Palabra, el Sacramento y el Ministerio pastoral, relativiza todas las estructuras y las pone al servicio de la misión y el Reino de Dios. Esta relativización de las estructuras es fundamental para la vida de fe y es condición de posibilidad para un ecumenismo generalizado.

La convivencialidad cotidiana es, pues, el campo donde nos jugamos realmente el desarrollo de la comunión. Esta convivencialidad se realiza en las relaciones personales y estructurales de cada día y, con ello, preparamos el terreno para las relaciones más trascendentes que se realizan en el marco de la Eucaristía.

Cuando nos referimos a la convivencialidad cotidiana no estamos pensando en los grandes acontecimientos que suceden de vez en cuando y que tienen siempre un cierto aire de poder. En realidad nos referimos a las pequeñas cosas de cada día, a lo concreto, a lo pequeño, a lo sencillo, a lo real. Y, además, hay que añadir que esta convivencialidad la realizamos todos, cada uno a su nivel y en su contexto vital, con lo cual todos somos protagonistas de esta renovación. Un ecumenismo que no tenga en cuenta esto pequeño pero real tiene el peligro, en el mejor de los casos, de hacer papeles mojados. Ahí es donde los grandes acontecimientos confirman lo real, lo estimulan y favorecen la apertura a la comunión.

VII.— *Contemplación y Esperanza*

Dado que el camino hacia la unidad es largo y difícil, para no desfallecer en el escepticismo, es preciso mantener viva la confianza en la acción de Dios (Jn 17, 20 ss.). Esta confianza en Dios y en su providencia nace de la contemplación y conduce a la esperanza.

La transformación evangélica de la Iglesia implica el compromiso de los cristianos, pero en definitiva es un don de Dios.

A nivel teórico nadie duda de esta afirmación, pero en la práctica no es fermento de la confianza y, por tanto, no conduce a una opción sólida edificada en la serenidad que da la fe. Todo lo que conduzca a mantener viva esta convicción de la fe es clave para mantener la armonía interior y la fortaleza en la acción.

La contemplación es el alimento que sostiene esta convicción de fe. Es sintonía con la oración de Cristo en la última Cena que ruega por la unidad de la comunidad de fe a lo largo de la historia. Si esta convicción llega a vitalizar el interior de las personas, actúa como "savia viva" del proceso comunitario y de la esperanza teologal.

La esperanza teologal supera los optimismos y los pesimismos, puesto que *«edifica sobre la roca»* (Mt 7, 24) y predispone a superar todas las dificultades que salgan por el camino. Podemos afirmar que, si no es por ahí, no tenemos solución. A partir de ahí puede generarse una imaginación y una creatividad que va dando pasos desde lo posible hacia lo real. Donde hay personas y grupos así, se van abriendo caminos.

La esperanza teologal, que nace de la contemplación, permite creer en las posibilidades de cambio que hay en mi y en los otros y, por tanto, dar siempre una nueva oportunidad para seguir caminando y buscando aperturas a la realidad por díficil que sea.

La esperanza teologal, que nace de la contemplación, permite resistir frente a las tensiones a través de una vivencia espiritual evangélica, en la que la cruz y la gloria van íntimamente entrelazadas. Esto hace que ni la euforia ni la depresión se instalen de una manera permanente en el propio ser. El equilibrio perfecto no existe. Sin embargo, la esperanza teologal genera una armonía realista. Los pequeños aciertos no conducen a actitudes ilusas y los fracasos no instalan en el escepticismo.

La esperanza teologal conduce a la profundidad y al silencio. No busca soluciones superficiales y aparentes. Busca lo radical y la solidez. Este caminar hacia lo profundo pasa por el silencio. El silencio es el clima en el que es posible recibir la comunión que es un don que viene de Dios, pero que hay que disponerse a recibirlo. Por otra parte, el silencio crea las condiciones para no dejarse entrampar en discusiones superficiales e inútiles.

La esperanza teologal hace descubrir que querer es poder. Da el coraje para no romper nunca el proceso. Construye personas que viven en positivo el camino desde la división hacia la unidad, asumiendo las tensiones y los conflictos con realismo, lucidez y serenidad. Acoge incondicionalmente o interpela críticamente. Mediante la acogida incondicional anticipa una plenitud que solamente está germinando. Mediante la crítica purifica la situación presente y la va podando de elementos bloqueadores. Ambas, acogida incondicional e interpelación crítica, dinamizan el camino desde lo real hasta lo posible.

La confianza plena en el don de Dios es lo que hay que volver a afirmar con gozo y paz en la Iglesia de nuestros días. Contemplar este don e introducirlo en las entrañas del ser y la acción eclesial es lo único que lo puede dar un eje vertebrador, que dé consistencia a la larga marcha hacia la unidad.

Como ya hemos afirmado, no hay recetas generales, pero sí hay una manera de hacer, pensar y sentir que abre un dinamismo positivo. Este dinamismo pasa por las situaciones concretas, es desencadenado en los proyectos comunes, es alimentado por la Palabra de Dios, es perfeccionado en la Eucaristía y es orientado por el Espíritu. Al llegar a este punto hemos de concluir que cada persona, cada grupo y cada colectivo ha de constatar la palabra con los hechos.

VIII.— *Coraje evangélico*

En definitiva, la mediación fundamental para la transformación evangélica de la Iglesia son las personas que tengan el coraje de asumir el Evangelio y plasmarlo en sus propias vidas, en sus grupos y en las estructuras que dependan de ellas de alguna manera.

Estas personas traducen las mediaciones anteriores en operatividad. Solamente las personas que tienen coraje evangélico aceptan arriesgarse, porque no tienen miedo. Sin embargo, cuando carecemos del coraje evangélico tomamos posturas de mantenimiento del *status quo,* y lo justificamos ideológicamente para no manifestar la falta de fe y esperanza. Estas posturas de mantenimiento pueden ser vividas pasivamente no aceptando cambios que puedan alterar la situación, o bien alimentando una postura permanente de tensión que acaba bloqueando la situación y fomentando las actitudes reaccionarias.

El coraje evangélico permite aceptar el riesgo. Supone la fe cimentada en Cristo y la esperanza enraizada en el Espíritu. Este coraje evangélico no asegura una eficacia inmediata. Con toda certeza pasará por muchos fracasos, pero va acumulando experiencia para abrir caminos reales al diálogo y la cooperación desde la diversidad.

Cada persona puede tomar iniciativas desde el coraje evangélico. Cada militante cristiano, sacerdote, religioso o laico está llamado a la libertad de los hijos de Dios, es decir, a darse permiso para ser él mismo y abrir caminos. El laico en el mundo secular, siendo "voz de la Iglesia" y, en la Iglesia, siendo "voz del mundo", está llamado a la libertad y a la creatividad. El religioso, siendo testigo cualificado de las bienaventuranzas y de los consejos evangélicos, está especialmente llamado al riesgo de la libertad y la pobreza. El sacerdote está llamado a abrir realmente caminos de diálogo en las comunidades parroquiales, en los consejos pastorales de las mismas, en los movimientos apostólicos, aceptando el protagonismo que pertenece a los laicos por razón de su bautismo. Solamente el corajo evangélico les permitirá arriesgarse de verdad. Cuando toman estas posturas arriesgadas desde la fe, siempre será para el bien común, aunque este camino esté más plagado de espinas que de rosas. Este ejercicio de la libertad es anticipación del Reino de Dios y ejercicio de la dignidad de sentirse y ser hijo de Dios.

El ministerio pastoral está llamado especialmente al riesgo de la creatividad que brota de la fe y la esperanza, puesto que la autoridad que administra ha de ser evangélica, es decir, al servicio de la comunión y la misión. Desde esta perspectiva, el ministerio pastoral está ll amado radicalmente al servicio de la comunión (Jn 13, 13-17). Solamente cuando el ministerio pastoral está en medio de la comunidad como quien sirve, está acreditado evangélicamente. Y no resulta difícil descubrir cuándo este criterio es confirmado por los hechos.

Imagino que a estas alturas de la reflexión todos nos damos cuenta de la necesidad urgente de cambiar las posturas. Quizá, al hacer esta afirmación, salgo de los límites que me permite una reflexión teológica hecha con criterios evangélicos. Teniendo en cuenta esto, creo que debo decir que, a estas alturas de la reflexión, personalmente tomo conciencia de la urgencia de cambiar la postura frente a la división que vivimos en el interior de la Iglesia. La invitación es clara, dejar la involución, la lamentación y la agresividad, y optar por el coraje evangélico y el riesgo. La respuesta real a la llamada no es fácil. Sin embargo, la llamada está ahí. A esta llamada no hay que responder con literatura escrita, sino con la literatura de los hechos de la vida.

CONCLUSIÓN

Necesidad de "traductores" o "ingenieros de puentes" en la Iglesia de hoy.

Podemos concluir esta reflexión sobre la tensión comunión-conflicto en la vida de la Iglesia, sugiriendo la urgencia de despertar unos carismas, muy antiguos pero siempro nuevos, para el bien común de la comunidad de la fe. Estos carismas, que desencadenan comunicación comunitaria, pueden ser llamados el carisma del *"traductor"* y del *"ingeniero de puentes"*.

El *"traductor"* es aquel que es capaz de decir lo mismo en diferentes lenguajes. Cuando el traductor alcanza un buen índice de calidad y competencia, no solamente traduce palabras, sino que traduce ideas y experiencias. Actualmente abunda mucha gente que habla *de* los otros, menos gente que habla con los otros, y muy poca gente que hable *desde* los otros. El hablar de los otros levanta barreras que hacen difícil la comunicación en la sinceridad y la veracidad. De hecho fomenta los prejuicios que filtran la posibilidad de la comunicación espontánea.

El hablar *con* los otros es mucho más positivo porque, en el peor de los casos, mantiene un hilo conductor abierto a la posibilidad de comunicación. El sentido común indica claramente que hablar *con* los otros es muy superior a hablar *de* los otros. Sin embargo, lo que es radicalmente positivo es hablar *con* los otros *desde* los otros, es decir, desde sus sentimientos, desde su contexto, desde su experiencia, sus fracasos, sus aciertos, sus necesidades básicas, su buena voluntad, su capacidad de cambio. Estas personas, capaces de hablar *con* los otros *desde* los otros, son también capaces de explicar el mensaje real de unos a otros. Solamente desde esta actitud es posible una comunicación en profundidad sin jugar con las palabras y los sentimientos de los otros, sean personas concretas o sean grupos diversos.

El carisma del traductor es urgente en la Iglesia para ir tejiendo espacios de diálogo real. En el marco de la Eucaristía, este carisma alcanza un alto nivel de servicio al bien común en la perspectiva del Reino de Dios. Hay que despertar, favorecer, acompañar y estimular este carisma en la Iglesia de hoy. Es urgente.

Algo parecido podemos decir del carisma de *"ingeniero de puentes"*. Es aquel que respetando los dos márgenes, aunque modificándolos de alguna manera, permite la circulación de un lado al otro. La grandeza del puente construido es el sevicio a unos y a otros. El día de la inauguración es una gran fiesta. Al poco se olvida la existencia del puente y, sencillamente, la gente lo utiliza a su servicio. Solamente volverá la gente a ser consciente de la importancia del puente el día que por circunstancias no pueda usarse. Es entonces cuando aparece en toda su grandeza la magnitud del servicio humilde del puente. Por ello, el constructor de puentes, que con su ingenio logra superar las dificultades y culminar la obra, es un modelo simbólico para la Iglesia de hoy. Este carisma es urgente porque, a pesar de todos los límites, de las contradicciones, de las descalificaciones, de las luchas de poder, hay que seguir afirmando que la gente hablando se entiende. Lo que falta son catalizadores que faciliten la reacción. En el marco de la Eucaristía este carisma alcanza también un alto nivel de servicio al bien común en la perspectiva del Reino de Dios. De hecho testifica la presencia real de Jesucristo resucitado que es el único y verdadero puente entre Dios y la humanidad. Los *"traductores"* o *"ingenieros de puentes"* nos ofrecen la clave para vivir la llamada a la comunión, la realidad de la división y la conflictividad que la acompaña, y la urgencia de la transformación evangélica de la Iglesia como un trabajo diario, en el que todos podemos cooperar con nuestro pequeño aporte. Este esfuerzo colectivo que coincide con lo nuclear del Evangelio, al mismo tiempo que es un gran desafío para la Iglesia de hoy, es su grandeza y su esperanza.

INDICE

INTRODUCCIÓN 7

1. LA REALIDAD COTIDIANA VIVIDA 11

2. CAUSAS DE LA SITUACIÓN 17

3. LA PROPUESTA DEL EVANGELIO 23
   1. Jesús de Nazaret y la unidad 24
   2. Jesucristo y la Iglesia 28

4. REACCIONES ANTE LA PROPUESTA EVANGÉLICA .. 37

5. LOS CAMINOS HACIA LA COMUNIÓN 45
   1. El camino antropológico 46
   2. El camino espiritual 54
   3. El camino evangélico 61
      * Conversión personal, grupal estructural 62
      * Algunos elementos del ca evangélico 66
      * La opción personal 68

6. SUGERENCIAS PARA CAMINAR AHORA Y AQUí 71
   1. Necesidad de partir de la realidad y mirarla de frente 72
   2. Asumir la propia autonomía personal 73
   3. Aprendizaje de unas interrelaciones maduras 75
   4. Necesidad de promover estructuras de diálogo para dilucidar los conflictos 77
   5. Profundizar en las estructuras de diálogo para hacer *pactos de comunión y cooperación* 78

6. Convivencialidad cotidiana 80
7. Contemplación y esperanza 83
8. Coraje evangélico 85
7. CONCLUSIÓN: Urgencia de *traductores* e*ingenieros de puentes comunitarios* 89